5 TIPPS FÜR DEN ANFANG!

1) LÖSUNG DER RÄTSEL

Die Puzzles haben ein klassisches Format :

- Die Wörter sind ohne Abstand, Bindetrich usw… versteckt
- Richtung : vor-& rückwärts, auf & ab oder in der Diagonale (beider Richtungen)
- Die Wörter können übereinanderliegen oder sich kreuzen

2) AKTIVES LERNEN

Neben jedem Wort ist ein Abstand vorgesehen zum Aufschreiben der Übersetzung. Um ihre Kenntnisse zu überprüfen und zu erweitern befindet sich am Ende des Buches ein **WÖRTERBUCH**. Suchen sie die Übersetzungen, schreiben sie sie auf, dann können sie sie in den. Puzzles suchen und ihrem Wortschatz hinzufügen.

3) ANZEICHNUNG DER WÖRTER

Haben sie schon einmal versucht eine Anzeichnung zu verwenden? Sie könnten zum Beispiel die Wörter, die schwer zu finden sind, ankreuzen, die Wörter, die sie lieben, mit einem Stern, neue Wörter mit einem Dreieck, seltene Wörter mit einem Diamant usw … anzeichnen

4) IHR LERNEN ORGANISIEREN

Am Ende dieser Ausgabe bieten wir auch ein praktisches **NOTIZBUCH** an. Ob im Urlaub, auf Reisen oder zu Hause, sie können ihr neues Wissen ganz einfach organisieren, ohne ein zweites Notizbuch zu benötigen!

5) SIND SIE AM SCHLUSS ?

Gehen sie zum Bonusbereich : **MONSTER-HERAUSFÖRDERUNG,** um ein kostenloses Spiel zu finden, das am Ende dieser Ausgabe angeboten wird !

Lust auf mehr Spaß und **Lernaktivitäten? Schnell und einfach :** eine ganze Spielbuchsammlung mit einem einzigen Klick erhaltbar :

Mit diesem Link finden sie ihre nächste Herausforderung :

BestActivityBooks.com/MeineNachsteWortsuche

Achtung, fertig, ... Los !!

Wussten sie, dass es auf der Welt ungefähr 7.000 verschiedene Sprachen gibt ? Wörter sind kostbar.

Wie lieben Sprachen und haben schwer daran gearbeitet, die Bücher von höchster Qualität für sie zu entwerfen. Unsere Zutaten ?

Eine Auswahl von angepassten Lernthemen, drei große Scheiben Spaß, dann fügen wir einen Löffel schwieriger Wörter und eine Prise seltener Wörter hinzu. Wir servieren sie mit Sorgfalt und ein Maximum an Freude, damit sie die besten Wortspiele lösen und Spaß am Lernen haben.

Ihre Meinung ist wichtig. Sie können aktiv zum Erfolg dieses Buches beitragen, indem sie uns eine Bemerkung hinterlassen. Sagen sie uns, was ihnen an dieser Ausgabe am besten gefallen hat !!

Hier ist ein kurzer Link, der sie zu ihrer Bewertungsseite führt

BestBooksActivity.com/Rezension50

Vielen Dank für ihre Hilfe und viel Spaß

Linguas Classics

1 - Ozean

```
K X K R M J K M D H R E E F
R A K X Z E F B J V O G E K
C R A B P L C O R A L M Z L
U C Q G D L L A A S D P N W
S S D R O Y S T E R F I S H
T H F C I F A R R T O C D A
O A R E M I L U W C J R O L
R R K I I S T U R T L E L E
M K C P M H P U P U M T P U
D Q Z T F P H O T N F I H W
O C T O P U S R N A S D I A
D I N Z Y S T N D G F E N V
P R D K L Z Q N K U E S U E
Y B K X B B A L N V U F X S
```

EEL
OYSTER
BOAT
DOLPHIN
FISH
SHRIMP
TIDES
SHARK
CORAL
CRAB

OCTOPUS
JELLYFISH
REEF
SALT
TURTLE
SPONGE
STORM
TUNA
WHALE
WAVES

2 - Schule #1

```
H V C P A P E R I E V R A L
R I H T E A C H E R J F D A
E X A M S N A N S W E R S L
R G I A J Q S D E S K I J P
D K R T Y L U N C H I E Q H
Z R Q H G R C I Q N Z N O A
T F M I C E L T Z U P D A B
B M Q S E U A E Z H G S J E
W T M S W M S S X M B G K T
J W I R Q S S L I B R A R Y
Z F O L D E R S D U F Y A S
A H U W V T O R E A D E J D
Y O Y N Y B O O K S A Q L Y
P E N C I L M T O L E A R N
```

ALPHABET
ANSWERS
LIBRARY
PENCIL
BOOKS
FRIENDS
CLASSROOM
TEACHER
TO LEARN
TO READ

MATH
LUNCH
FOLDERS
PAPER
EXAMS
QUIZ
DESK
FUN
PENS
CHAIR

3 - Meditation

```
I  C  Q  F  Y  Z  T  O  L  E  A  R  N  E
D  M  P  T  E  A  C  H  I  N  G  S  D  O
G  P  E  H  A  P  P  I  N  E  S  S  F  Y
J  Y  A  A  T  T  E  N  T  I  O  N  C  I
G  W  C  L  A  R  I  T  Y  A  W  A  K  E
K  R  E  C  O  M  P  A  S  S  I  O  N  O
S  I  A  P  E  R  S  P  E  C  T  I  V  E
M  E  N  T  A  L  D  V  M  C  A  L  M  S
U  L  A  D  I  M  O  V  E  M  E  N  T  I
S  F  T  U  N  T  M  I  N  D  F  B  B  L
I  R  U  A  A  E  U  T  Z  O  N  U  Y  E
C  O  R  M  G  P  S  D  T  H  T  K  M  N
L  P  E  R  F  C  W  S  E  Q  M  B  B  C
R  I  I  A  C  C  E  P  T  A  N  C  E  E
```

ACCEPTANCE	TO LEARN
ATTENTION	COMPASSION
MOVEMENT	MUSIC
GRATITUDE	NATURE
KINDNESS	PERSPECTIVE
PEACE	CALM
MENTAL	SILENCE
HAPPINESS	MIND
CLARITY	AWAKE
TEACHINGS	

4 - Meisterschaft

```
R  H  N  P  B  O  Q  M  S  P  O  R  T  S
J  T  A  Z  K  E  G  F  E  N  X  Q  J  C
E  N  D  U  R  A  N  C  E  D  U  Q  D  H
M  O  T  I  V  A  T  I  O  N  A  B  X  A
V  I  C  T  O  R  Y  F  I  R  A  L  B  M
L  C  H  A  M  P  I  O  N  S  H  I  P  P
G  G  T  O  B  R  E  A  T  H  E  G  F  I
Z  A  E  B  S  I  W  L  C  F  C  G  I  O
S  M  W  Q  V  R  G  E  T  C  R  G  N  N
P  E  R  S  P  I  R  A  T  I  O  N  A  C
G  S  T  E  A  M  Y  G  Y  K  P  Z  L  O
W  J  A  W  U  J  J  U  D  G  E  G  I  A
K  N  J  T  Y  S  V  E  D  C  X  L  S  C
S  T  R  A  T  E  G  Y  K  T  P  E  T  H
```

TO BREATHE	MOTIVATION
ENDURANCE	JUDGE
CHAMPION	PERSPIRATION
FINALIST	VICTORY
LEAGUE	GAMES
TEAM	SPORTS
MEDAL	STRATEGY
CHAMPIONSHIP	COACH

5 - Insekten

```
K T M A N T I S L N F Z C C
X G B O L O U L A D Y B U G
E Z E W S F S Y R S V R Q H
O A E H U Q D W V R A C B C
S M T H K K U R A R F N U C
G F L E A K X I W O R M T I
K X E F O G V U T O Z O T C
T E R M I T E M P O I T E A
D R A G O N F L Y N G H R D
C O C K R O A C H T V O F A
Y X D K W H O R N E T O L B
A P H I D A Q G N B N L Y E
I T G R A S S H O P P E R E
X B D T K M C P D S Z E J T
```

ANT
BEE
APHID
FLEA
MANTIS
GRASSHOPPER
HORNET
COCKROACH
BEETLE
LARVA

DRAGONFLY
LADYBUG
MOTH
MOSQUITO
BUTTERFLY
TERMITE
WASP
WORM
CICADA

6 - Dinosaurier

```
P  B  P  O  W  E  R  F  U  L  D  U  R  F
X  R  T  J  S  G  V  W  H  M  V  Z  E  O
B  I  E  M  A  M  M  O  T  H  B  C  P  S
C  L  A  H  G  I  P  M  L  H  K  A  T  S
W  B  H  B  I  V  B  N  H  U  S  R  I  I
I  E  G  H  D  S  K  I  A  J  T  N  L  L
N  A  L  C  P  B  T  V  Y  E  V  I  E  S
G  R  A  P  T  O  R  O  X  L  B  V  O  E
S  T  R  R  F  N  Y  R  R  Z  I  O  V  N
X  H  G  X  Q  Y  L  E  G  I  H  R  M  T
S  P  E  C  I  E  S  E  G  R  C  E  T  Q
I  S  R  H  E  R  B  I  V  O  R  E  A  F
Z  I  I  E  E  N  O  R  M  O  U  S  I  J
E  F  W  E  Y  V  I  C  I  O  U  S  L  O
```

OMNIVORE	LARGE
SPECIES	SIZE
PREY	POWERFUL
VICIOUS	MAMMOTH
ENORMOUS	HERBIVORE
EARTH	PREHISTORIC
EVOLUTION	RAPTOR
CARNIVORE	REPTILE
WINGS	TAIL
FOSSILS	

7 - Obst

```
P  P  D  M  K  X  C  K  L  I  C  N  L  L
P  E  W  Q  M  P  E  A  C  H  H  Q  O  D
A  V  A  O  E  R  A  S  P  B  E  R  R  Y
P  E  X  R  L  K  O  W  R  E  R  P  A  A
A  Z  N  A  O  F  I  I  O  R  R  I  N  P
Y  F  O  R  N  D  P  W  U  R  Y  N  G  R
A  A  V  O  C  A  D  O  I  Y  L  E  E  I
B  L  A  C  K  B  E  R  R  Y  E  A  S  C
A  G  G  P  L  U  M  R  R  O  M  P  B  O
N  A  B  R  N  V  J  T  Q  S  O  P  D  T
A  P  V  V  A  N  G  B  R  H  N  L  M  P
N  P  Z  G  N  P  I  C  Y  L  C  E  D  C
A  L  E  M  O  N  E  C  T  A  R  I  N  E
M  E  E  Z  K  C  O  C  O  N  U  T  Z  K
```

PINEAPPLE	KIWI
APPLE	COCONUT
APRICOT	MELON
AVOCADO	NECTARINE
BANANA	ORANGE
BERRY	PAPAYA
PEAR	PEACH
BLACKBERRY	PLUM
RASPBERRY	GRAPE
CHERRY	LEMON

8 - Schule #2

```
S C I E N C E N L R P W Z U
U E Z Y C R B G I E C E T B
C O M P U T E R T A A E N K
S E H F F K R A E D L K T S
G C D B F D A M R I E E V D
B I I U I W S M A N N N W I
A Y Z S C G E A T G D D K C
C K Y X S A R R U X A S K T
K Q H E P O T O R H R C Y I
P E N C I L R I E M C G E O
A F J B O O K S O E C O N N
C H Z H F L E A R N I N G A
K L I B R A R Y P A P E R R
M Z B T E A C H E R N N F Y
```

LIBRARY	READING
EDUCATION	LITERATURE
PENCIL	PAPER
BUS	ERASER
BOOKS	BACKPACK
COMPUTER	SCISSORS
GRAMMAR	PENS
CALENDAR	SCIENCE
TEACHER	WEEKENDS
LEARNING	DICTIONARY

9 - Spielzeuge

```
I  K  P  B  O  O  K  S  C  R  A  F  T  S
M  W  U  A  I  D  U  U  L  N  J  C  R  P
A  G  Z  L  F  C  Y  G  A  M  E  S  U  Z
G  H  Z  L  O  C  Y  V  Y  C  F  I  C  S
I  C  L  D  O  L  L  C  A  S  A  R  K  T
N  N  E  I  Z  U  G  K  L  A  J  R  X  R
A  I  R  P  L  A  N  E  I  E  C  O  V  A
T  H  G  E  M  K  C  P  F  T  B  B  C  I
I  G  D  P  L  O  R  U  X  D  E  O  H  N
O  K  J  E  Y  F  A  V  O  R  I  T  E  E
N  E  L  M  X  L  Y  M  G  U  O  V  S  M
X  I  B  O  A  T  O  B  I  M  A  M  S  I
O  T  M  G  R  G  N  M  N  S  R  R  O  S
O  E  Q  O  I  P  S  K  Q  N  I  U  R  P
```

CAR	TRUCK
BALL	IMAGINATION
BOAT	DOLL
CRAYONS	PUZZLE
BOOKS	ROBOT
KITE	CHESS
BICYCLE	DRUMS
FAVORITE	GAMES
AIRPLANE	CLAY
CRAFTS	TRAIN

10 - Komödie

```
D L A D Y V Q T E L E Q A O
H U M O R E Y H C O X C A E
D A I Q S D F E J B P L A M
F P Z B G K H A C T R E S S
U P F Q A C J T Z F E B A J
Z L X F X Z C E B U S Y U O
P A R O D Y L R F N S Z D K
G U Q H R T O A Q N I N I E
X S X A H O W A U Y V E E S
J E X E N T N G C G E R N F
A Y C J O V S I I T H M C U
T E L E V I S I O N O T E N
K W C L E V E R G E N R E B
I M P R O V I S A T I O N R
```

APPLAUSE
EXPRESSIVE
CLOWNS
TELEVISION
GENRE
HUMOR
IMPROVISATION
CLEVER
FUNNY

LAUGHTER
PARODY
AUDIENCE
ACTOR
ACTRESS
FUN
THEATER
JOKES

11 - Camping

```
M C F S W P G H N T L S Y L
O A Q I I M O U N T A I N A
W D B F R I I N U V B D N N
L V L Q U E W T B I Y P A T
L E F T X N Q I W Y G B T E
A N I M A L S N W G T A U R
K T I O L Y R G C B T E R N
E U N O H A M M O C K M E R
C R S N C R Z Y M A I H A O
T E E Z A Q Z Z P N H T S P
Q V C G B O M A A O L Y D E
E L T T I K B T S E Q C F G
H A T E N T O J S L D T R F
X Z X X F O R E S T I R B A
```

ADVENTURE	COMPASS
MOUNTAIN	LANTERN
FIRE	MOON
HAMMOCK	NATURE
HAT	LAKE
INSECT	ROPE
HUNTING	FUN
CABIN	ANIMALS
CANOE	FOREST
MAP	TENT

12 - Zeit

```
I  M  C  I  S  S  X  L  J  K  Z  J  T  D
R  D  E  C  A  D  E  Z  S  K  Q  W  X  G
U  M  O  R  N  I  N  G  J  O  R  B  K  P
G  I  T  T  N  H  P  N  P  U  X  R  Q  Q
E  N  W  T  U  H  M  O  N  T  H  C  O  W
N  U  Q  T  A  F  P  O  E  O  O  N  L  O
D  T  H  C  L  R  B  N  O  D  U  O  O  F
B  E  N  E  P  I  D  A  Y  A  R  D  E  W
C  E  N  T  U  R  Y  C  F  Y  K  I  G  N
L  A  F  U  T  U  R  E  U  T  D  B  A  I
O  F  J  O  Y  E  A  R  C  W  E  E  K  G
C  V  G  T  R  F  D  S  K  N  Z  R  E  H
K  T  J  V  Y  E  S  T  E  R  D  A  Y  T
C  A  L  E  N  D  A  R  F  Q  O  W  V  P
```

YESTERDAY	MONTH
TODAY	MORNING
YEAR	AFTER
CENTURY	NIGHT
DECADE	HOUR
ANNUAL	DAY
NOW	CLOCK
CALENDAR	BEFORE
MINUTE	WEEK
NOON	FUTURE

13 - Säugetiere

```
S H E E P G K C O Y O T E T
W O L F W P A G O R I L L A
Q R R D M O N K E Y G X G A
I S Q A Q V G U L M H T C V
H E P K T T A G I R A F F E
B E A R B I R D O G M C O U
G L N D T G O J N K H T N X
B E T C T E O V P N P A J U
A P H Y B R S A B W I O B M
P H E R E U O C L E B Z U I
X A R P A Y L W H A L E M Y
X N X S V E V L F E F B Y L
M T H X E G N N F S M R V U
E R E T R M S H U Y B A M W
```

MONKEY	LION
BEAR	PANTHER
BEAVER	HORSE
ELEPHANT	RAT
FOX	SHEEP
GIRAFFE	BULL
GORILLA	TIGER
DOG	WHALE
KANGAROO	WOLF
COYOTE	ZEBRA

14 - Astronomie

```
Q  S  T  A  R  N  E  B  U  L  A  S  G  P
D  S  U  F  A  S  T  R  O  N  A  U  T  I
A  G  T  E  L  E  S  C  O  P  E  G  D  G
P  I  K  K  M  E  T  E  O  R  K  S  W  S
A  C  O  N  S  T  E  L  L  A  T  I  O  N
S  S  O  B  S  E  R  V  A  T  O  R  Y  E
T  U  T  S  R  O  C  K  E  T  J  B  N  W
E  P  T  R  L  O  V  D  B  C  F  Y  V  M
R  E  P  Z  O  D  I  A  C  O  S  M  O  S
O  R  E  L  Y  N  S  K  Y  M  O  U  G  S
I  N  O  A  A  D  O  E  G  E  M  E  J  A
D  O  C  T  R  N  U  M  Z  T  P  I  C  D
G  V  U  J  K  T  E  U  E  Q  H  U  N  F
I  A  G  H  J  S  H  T  N  R  M  O  O  N
```

ASTEROID
ASTRONAUT
ASTRONOMER
EARTH
SKY
COMET
CONSTELLATION
COSMOS
METEOR

MOON
NEBULA
OBSERVATORY
PLANET
ROCKET
STAR
SUPERNOVA
TELESCOPE
ZODIAC

15 - Ballett

```
B A L L E R I N A S I K R L
R E H E A R S A L T M Y E K
A R T I S T I C V Y X Y D S
T E C H N I Q U E L G N X J
G R A C E F U L X E D A X V
I O C H O R E O G R A P H Y
N R S M S N N R B H N P C M
T C K O U K K D Q Y C L O U
E H O X L S I X U T E A M S
N E I J O O I L J H R U P C
S S O T W K Q C L M S S O L
I T J Q A U D I E N C E S E
T R E X P R E S S I V E E S
Y A T R T H V G E S T U R E
```

GRACEFUL
APPLAUSE
EXPRESSIVE
BALLERINA
CHOREOGRAPHY
SKILL
GESTURE
INTENSITY
COMPOSER
ARTISTIC

MUSIC
MUSCLES
ORCHESTRA
REHEARSAL
AUDIENCE
RHYTHM
SOLO
STYLE
DANCERS
TECHNIQUE

16 - Strand

```
H  S  C  S  G  K  B  C  S  F  Z  F  O  T
D  A  N  A  U  I  R  R  A  T  K  K  Q  T
U  N  E  N  Z  N  Y  A  I  S  L  A  N  D
M  D  H  D  B  P  C  B  L  A  G  O  O  N
B  O  V  A  L  O  O  F  B  S  U  C  A  C
R  C  A  L  U  H  A  C  O  S  Q  M  N  O
E  K  C  S  E  R  S  T  A  D  E  H  G  R
L  E  A  K  H  O  T  O  T  U  R  A  T  T
L  S  T  C  J  C  L  W  T  O  S  W  I  M
A  U  I  S  W  E  L  E  R  E  E  F  N  Q
D  Q  O  Q  D  A  F  L  W  G  Y  X  P  P
B  S  N  V  R  N  H  Z  W  E  J  U  D  Z
G  J  F  S  Y  K  P  V  O  D  I  A  Q  M
K  T  G  S  L  G  V  D  R  Z  C  C  E  T
```

BLUE	OCEAN
BOAT	UMBRELLA
DOCK	REEF
TOWEL	SAND
ISLAND	SANDALS
CRAB	TO SWIM
COAST	SAILBOAT
LAGOON	SUN
SEA	VACATION

17 - Restaurant #1

```
A R V R U C Y C Q A M E N U
F J K Y Y A L X A Z X E N H
P V R Q O I H D C S E K A Z
M R R D J S G A E I H N I T
S P I C Y O O L Z S J I R C
N A P K I N U L S B S F E F
C H I C K E N E A C D E Y R
Q W D O L L M R U P I D R A
P P J F H K T G C L T F A T
R A B F V L T Y E A D V F T
A D R E S E R V A T I O N O
T E E E K I T C H E N E A E
K N A V W A I T R E S S I A
K S D B O W L P D T G B G T
```

ALLERGY	KITCHEN
BREAD	MENU
DESSERT	KNIFE
TO EAT	RESERVATION
MEAT	BOWL
CHICKEN	NAPKIN
COFFEE	SAUCE
CASHIER	PLATE
WAITRESS	SPICY

18 - Geologie

```
E C M O L T E N J S C Z S O
C A D I A V N H N E V X T E
A L R W N M I X E J Q M A R
V C I T L E A G U E U B L O
E I A M H C R C O R A L A S
R U X V A Q C A I U R N C I
N M L A V A U X L D T P T O
F O S S I L U A P S Z L I N
G E Y S E R L N K X I A T S
C G V C O N T I N E N T E A
R V O L C A N O Z H O E H L
S T O N E Z O N E E W A Y T
S T A L A G M I T E S U Z H
Q V R E G J R C I H A N V L
```

EARTHQUAKE	MINERALS
EROSION	PLATEAU
FOSSIL	QUARTZ
MOLTEN	SALT
GEYSER	ACID
CAVERN	STALAGMITES
CALCIUM	STALACTITE
CONTINENT	STONE
CORAL	VOLCANO
LAVA	ZONE

19 - Wissenschaft

```
L A B O R A T O R Y W P R G
M B E V O L U T I O N L W R
P E E F O C Y U M C L A A A
P A T E X P E R I M E N T V
H H R H F X B Q N O R T O I
Y B U T O A J R E L C S M T
S L R L I D C B R E H C N Y
I Z M N Q C U T A C E I A M
C B U E D W L R L U M E T C
S F O S S I L E S L I N U J
O B G B D F P H S E C T R E
C L I M A T E L B S A I E Y
H Y P O T H E S I S L S Z L
G O R G A N I S M G Q T G A
```

ATOM	MINERALS
CHEMICAL	MOLECULES
DATA	NATURE
EVOLUTION	ORGANISM
EXPERIMENT	PARTICLES
FOSSIL	PLANTS
HYPOTHESIS	PHYSICS
CLIMATE	GRAVITY
LABORATORY	FACT
METHOD	SCIENTIST

20 - Bildende Kunst

```
P  W  X  E  R  H  C  R  M  I  F  G  I  P
K  E  A  J  Q  K  L  C  B  U  X  Q  G  H
S  K  N  X  K  A  A  R  T  I  S  T  P  O
P  C  E  V  O  R  Y  S  C  O  A  R  E  T
E  Q  U  H  J  C  O  U  J  G  H  L  N  O
R  F  C  L  S  H  L  D  U  L  C  J  C  G
S  O  H  C  P  I  S  G  J  F  W  A  I  R
P  V  A  O  A  T  A  C  H  A  L  K  L  A
E  A  R  L  I  E  U  D  H  T  R  F  K  P
C  R  C  T  N  C  E  R  A  M  I  C  S  H
T  N  O  M  T  T  A  F  E  X  C  P  F  E
I  I  A  I  I  U  P  O  R  T  R  A  I  T
V  S  L  O  N  R  S  T  E  N  C  I  L  C
E  H  E  V  G  E  A  S  E  L  I  L  M  W
```

ARCHITECTURE	VARNISH
PENCIL	PERSPECTIVE
FILM	PORTRAIT
PHOTOGRAPH	STENCIL
PAINTING	SCULPTURE
CHARCOAL	EASEL
CERAMICS	PEN
CHALK	CLAY
ARTIST	WAX

21 - Sport

```
V H S O M O V E M E N T B G
T C C S Z X S F M F B X A N
C H A M P I O N S H I P S T
G R E F E R E E K W C M E O
B A S K E T B A L L Y Q B S
G Y M N A S T I C S C G A W
C O A C H T R P C C L Y L I
P L A Y E R E X J C E M L M
S T A D I U M N F L E N X H
W I N N E R M G N T E A M O
T R L S Z G P G A I W S P C
A T H L E T E O E M S I M K
D Z G X K K M L H L E U D E
H V D Q S H S F J X M M N Y
```

ATHLETE
BASEBALL
BASKETBALL
MOVEMENT
HOCKEY
BICYCLE
WINNER
GOLF
GYMNASIUM
GYMNASTICS

TEAM
CHAMPIONSHIP
REFEREE
TO SWIM
GAME
PLAYER
STADIUM
TENNIS
COACH

22 - Mythologie

```
L B E H A V I O R H R S K A
I E H W S O Z P C E E T F J
G U O V W V Y M E A V R M E
H U H H J A V R V V E E O A
T C U L T U R E S E N N N L
N L E G E N D R M N G G S O
I A E S P O S Y I O E T T U
N B M A G I C A L O R H E S
G Y C R E A T I O N R T R Y
A R C H E T Y P E T L N A I
D I S A S T E R B L W C V L
X N I M M O R T A L I T Y K
A T H U N D E R V A C K J S
L H Q U C G C R E A T U R E
```

ARCHETYPE
LIGHTNING
THUNDER
JEALOUSY
HERO
HEAVEN
DISASTER
CREATION
CREATURE
WARRIOR

CULTURE
LABYRINTH
LEGEND
MAGICAL
MONSTER
REVENGE
STRENGTH
MORTAL
IMMORTALITY
BEHAVIOR

23 - Restaurant #2

```
D  S  D  Y  S  W  A  T  E  R  O  D  S  D
I  S  A  S  K  P  U  Z  I  P  K  P  P  E
N  Y  J  L  X  H  I  O  S  O  U  P  O  L
N  C  B  U  A  E  U  C  W  C  B  O  O  I
E  Z  S  T  L  D  E  U  E  V  K  F  N  C
R  J  J  U  F  D  X  S  B  S  M  R  H  I
H  P  H  R  M  F  U  W  Z  B  F  U  K  O
B  P  P  C  N  O  O  D  L  E  S  I  Y  U
O  O  N  X  P  R  U  X  X  V  A  T  S  S
C  A  K  E  Z  K  A  J  M  E  L  L  Z  H
H  K  M  P  X  Q  I  R  N  R  T  U  G  L
A  P  P  E  T  I  Z  E  R  A  W  N  D  G
I  G  O  K  X  C  H  T  V  G  K  C  M  G
R  W  A  I  T  E  R  R  V  E  G  H  F  I
```

DINNER	SPOON
ICE	LUNCH
FISH	NOODLES
FRUIT	SALAD
FORK	SALT
BEVERAGE	CHAIR
SPICES	SOUP
WAITER	APPETIZER
DELICIOUS	WATER
CAKE	

24 - Ökologie

```
R  X  C  H  G  L  M  Q  U  P  D  R  S  C
V  E  F  R  D  W  A  Q  U  T  I  V  U  L
O  M  S  L  R  C  R  F  U  H  V  E  S  I
L  H  P  O  O  F  S  P  I  M  E  N  T  M
U  A  E  L  U  R  H  Q  S  O  R  G  A  A
N  B  C  P  G  R  A  S  P  U  S  G  I  T
T  I  I  L  H  F  C  T  X  N  I  L  N  E
E  T  E  A  T  O  Q  E  Q  T  T  O  A  N
E  A  S  N  Q  K  I  D  S  A  Y  B  B  A
R  T  Y  T  A  S  U  R  V  I  V  A  L  T
S  H  M  S  G  T  X  U  J  N  L  L  E  U
M  A  R  I  N  E  U  N  Z  S  K  L  J  R
W  F  A  U  N  A  H  R  M  M  E  J  J  A
G  O  H  Y  R  M  C  I  E  U  V  L  T  L
```

SPECIES
MOUNTAINS
DROUGHT
FAUNA
FLORA
VOLUNTEERS
GLOBAL
CLIMATE
HABITAT

MARINE
SUSTAINABLE
NATURE
NATURAL
PLANTS
RESOURCES
MARSH
SURVIVAL
DIVERSITY

25 - Schokolade

```
J  A  A  W  B  C  R  A  V  I  N  G  S  A
C  O  Q  C  I  Q  O  X  X  M  W  H  T  K
A  T  A  S  T  E  W  C  A  C  A  O  U  I
L  R  R  U  T  F  A  V  O  R  I  T  E  A
O  Z  O  G  E  Y  N  T  Q  N  D  L  S  N
R  X  B  M  R  B  N  I  V  Y  U  I  W  T
I  W  I  C  A  R  A  M  E  L  V  T  E  I
E  P  O  W  D  E  R  I  G  R  U  O  E  O
S  E  X  O  T  I  C  G  V  A  E  E  T  X
D  E  L  I  C  I  O  U  S  W  O  A  P  I
L  X  E  O  R  G  Q  U  A  L  I  T  Y  D
Y  S  U  G  A  R  R  E  C  I  P  E  H  A
A  R  T  I  S  A  N  A  L  D  C  I  W  N
L  L  I  N  G  R  E  D  I  E  N  T  K  T
```

ANTIOXIDANT	CARAMEL
AROMA	COCONUT
BITTER	DELICIOUS
TO EAT	POWDER
EXOTIC	QUALITY
FAVORITE	RECIPE
TASTE	SWEET
ARTISANAL	CRAVING
CACAO	SUGAR
CALORIES	INGREDIENT

26 - Boote

```
L R C W R P I D B U A C N M
N I I A I R F U T G N Z A R
I C F V J F F Y F Q C A U W
Y I E E E C A N O E H G T E
Q S N S B R S I K R O S I Q
H B G S U O S E A O R V C D
J A I F O C A H V P M V A N
S P N D Y E I T H E G A L L
F I E Y H A L K A Y A K S B
E J U L Z N B R A F T O B T
R N X O O P O B K E D A E N
R F L A K E A D O C K B C O
Y A C H T V T C R E W F C Y
C G F U I U O M I N L F W U
```

ANCHOR
BUOY
CREW
DOCK
FERRY
RAFT
RIVER
KAYAK
CANOE
MAST

SEA
ENGINE
NAUTICAL
OCEAN
LIFEBOAT
LAKE
SAILBOAT
ROPE
WAVES
YACHT

27 - Stadt

```
U  I  T  K  V  N  L  Z  K  G  S  Z  J  A
B  N  E  P  H  S  L  G  P  A  C  O  V  I
A  A  I  C  L  I  N  I  C  L  H  O  C  R
N  E  K  V  J  H  P  X  R  L  O  X  I  P
K  F  I  E  E  Q  O  J  P  E  O  G  N  O
N  R  V  U  R  R  L  W  M  R  L  A  E  R
M  M  F  P  C  Y  S  L  W  Y  T  T  M  T
O  I  P  O  H  K  P  I  N  D  H  F  A  G
D  L  I  B  R  A  R  Y  T  C  E  L  M  U
Z  C  N  U  Y  T  R  G  B  Y  A  O  A  D
X  G  M  U  S  E  U  M  B  H  T  R  R  O
S  T  A  D  I  U  M  A  A  K  E  I  K  B
H  O  T  E  L  Q  S  V  D  C  R  S  E  Y
B  O  O  K  S  T  O  R  E  R  Y  T  T  D
```

PHARMACY	CINEMA
BANK	CLINIC
BAKERY	MARKET
LIBRARY	MUSEUM
FLORIST	SCHOOL
BOOKSTORE	STADIUM
AIRPORT	THEATER
GALLERY	UNIVERSITY
HOTEL	ZOO

28 - Aktivitäten

```
R  E  L  A  X  A  T  I  O  N  P  N  T  G
C  E  R  A  M  I  C  S  H  I  K  I  N  G
G  A  R  D  E  N  I  N  G  J  M  Y  D  S
G  Y  N  Z  K  U  M  A  G  I  C  C  C  Y
S  A  P  H  O  T  O  G  R  A  P  H  Y  Q
E  G  M  K  K  C  R  A  F  T  S  J  Q  B
W  Z  Z  E  B  K  P  L  E  A  S  U  R  E
I  W  E  V  S  N  A  C  T  I  V  I  T  Y
N  E  W  L  E  I  S  U  R  E  Q  X  F  L
G  L  I  U  O  T  P  A  I  N  T  I  N  G
J  P  C  Z  T  T  F  I  S  H  I  N  G  B
Y  R  E  A  D  I  N  G  F  Z  E  G  K  C
C  A  M  P  I  N  G  D  A  N  C  I  N  G
X  J  P  X  O  G  H  U  N  T  I  N  G  M
```

ACTIVITY	ART
FISHING	CRAFTS
CAMPING	READING
RELAXATION	MAGIC
PHOTOGRAPHY	SEWING
LEISURE	GAMES
GARDENING	KNITTING
PAINTING	DANCING
HUNTING	PLEASURE
CERAMICS	HIKING

29 - Bienen

```
F  R  U  I  T  S  E  B  P  L  A  N  T  S
W  L  P  G  I  X  F  P  L  E  T  C  M  H
W  V  O  W  N  U  A  O  F  O  U  A  U  O
T  C  L  W  S  U  N  L  H  D  S  W  E  N
K  E  L  B  E  F  P  L  I  I  W  S  C  E
T  Q  E  X  C  R  A  I  V  V  A  W  O  Y
G  L  N  F  T  D  S  N  E  E  R  I  S  M
Y  G  Z  Q  A  Z  O  A  T  R  M  N  Y  A
H  A  B  I  T  A  T  T  S  U  G  S  E
T  R  W  A  X  Y  X  O  M  I  I  S  T  Y
Y  D  A  A  S  T  Y  R  O  T  P  H  E  T
H  E  O  F  Y  D  X  T  K  Y  L  O  M  B
X  N  U  Q  J  Q  Q  U  E  E  N  B  Z  W
B  E  N  E  F  I  C  I  A  L  X  A  U  T
```

POLLINATOR	HABITAT
HIVE	ECOSYSTEM
FLOWERS	PLANTS
BLOSSOM	POLLEN
WINGS	SMOKE
FRUIT	SWARM
GARDEN	SUN
HONEY	DIVERSITY
INSECT	BENEFICIAL
QUEEN	WAX

30 - Wissenschaftliche Disziplinen

```
H Y M I N E R A L O G Y D W
N Z O O L O G Y N Y C S I W
E E K O N E R B M A X Z O S
C N U B I O L O G Y T Q B Z
O T E R U A S T R O N O M Y
L S X I O P M A T Y D F M O
O G S B U L F N J L F M H Y
G T A R F R O Y X Y O P P N
Y T U P Z F A G E O L O G Y
C H E M I S T R Y I U U E K
L Y E P H Y S I O L O G Y D
K I N E S I O L O G Y J N V
M E C H A N I C S Z H I F C
A R C H A E O L O G Y N C Y
```

ANATOMY
ARCHAEOLOGY
ASTRONOMY
BIOLOGY
BOTANY
CHEMISTRY
GEOLOGY

KINESIOLOGY
MECHANICS
MINERALOGY
NEUROLOGY
ECOLOGY
PHYSIOLOGY
ZOOLOGY

31 - Vögel

```
P P W Q O R W S P A R R O W
K R E V W C T P E L I C A N
I B V N L D F L A M I N G O
S W A N G D X Y C T C Z A J
Z T I V V U D G O I S P O Q
L O O R N C I K C G S I Q I
W G O R N K L N K O O G Y H
A G G R K X C H I C K E N V
D P B L I Q Q U H E R O N K
C R O W R K W A C M B N O Q
G O O S E A G L E K E T G V
O Y H F G L M G E K O S U M
L S X L G R A V E N H O L F
P A R R O T L Q V S Z O L A
```

EAGLE	PARROT
EGG	PELICAN
DUCK	PEACOCK
OWL	PENGUIN
FLAMINGO	RAVEN
GOOSE	HERON
CHICKEN	SWAN
CROW	SPARROW
CUCKOO	STORK
GULL	PIGEON

32 - Garten

```
N C M G O H G U N B T R E E
Z U W I P O R C H E F A Z G
Z G H H O S A U J N D K M D
O A R K N E S Q V C G E V F
F R F K D S S C J H E K K T
T D C B E B H G W J S K L E
O E G H L A W N E U E C I U
O N R G A R A G E B M K T F
B E O R H R Y D D X Q K F K
N U P Y A W D S S H O V E L
M K P T O C D P O C Q L N E
E B F L O W E R Q I I U C Z
T R A M P O L I N E L W E S
B U S H A M M O C K J F L B
```

BENCH	LAWN
TREE	RAKE
FLOWER	SHOVEL
SOIL	HOSE
BUSH	POND
GARAGE	TERRACE
GARDEN	TRAMPOLINE
GRASS	WEEDS
HAMMOCK	PORCH
ORCHARD	FENCE

33 - Antarktis

```
M  T  G  T  E  V  Z  T  M  S  A  I  L  C
I  O  Y  E  C  C  I  R  X  U  B  Q  E  O
N  P  P  M  O  E  L  D  V  Q  I  Q  N  N
E  O  R  P  N  G  A  E  E  D  R  O  B  S
R  G  L  E  T  M  R  W  I  N  D  S  A  E
A  R  R  R  I  Y  I  A  M  T  S  O  Y  R
L  A  S  A  N  D  C  G  P  M  Y  M  X  V
S  P  C  T  E  P  E  N  R  H  F  P  T  A
E  H  K  U  N  Y  T  R  U  A  Y  T  U  T
A  Y  W  R  T  W  A  T  E  R  T  N  S  I
J  O  W  E  A  T  H  E  R  V  S  I  Q  O
O  G  L  A  C  I  E  R  S  P  J  N  O  N
F  E  N  V  I  R  O  N  M  E  N  T  F  N
P  E  N  I  N  S  U  L  A  R  O  C  K  Y
```

BAY
ICE
CONSERVATION
ROCKY
GEOGRAPHY
GLACIERS
PENINSULA
CONTINENT
MIGRATION

MINERALS
TEMPERATURE
TOPOGRAPHY
ENVIRONMENT
BIRDS
WATER
WEATHER
WINDS

34 - Fahren

```
D A N G E R T P O L I C E B
G T U P V R R U I M O T O R
A S Z E K Q U C N U A E X A
R W B D K O C A N G P J K
A Z Q E L U K U O P E N F E
G K W S I D O T O O Y L A S
E Y T T C S B I R T F Y O W
Q K G R E R F O S A F E T Y
G V P I N P U N G J F O D N
D E P A S P E E D Y Q F E F
G A S N E H L D Z B U S I O
M O T O R C Y C L E C A R C
W F R A C C I D E N T U T B
C N H J I C J P Q B E G M B
```

CAR	LICENSE
BRAKES	TRUCK
FUEL	MOTOR
BUS	MOTORCYCLE
PEDESTRIAN	POLICE
GARAGE	SAFETY
GAS	TUNNEL
DANGER	ACCIDENT
SPEED	TRAFFIC
MAP	CAUTION

35 - Bücher

```
A  S  H  U  M  O  R  O  U  S  C  F  J  D
D  T  H  C  O  L  L  E  C  T  I  O  N  U
V  O  T  O  W  T  U  P  A  G  E  Z  A  Y
E  R  I  T  R  A  G  I  C  D  H  P  R  H
N  Y  N  E  Y  Y  H  C  H  E  E  W  R  I
T  W  V  P  O  E  T  R  Y  J  D  R  A  S
U  W  E  N  K  T  P  K  H  H  U  I  T  T
R  T  N  S  O  P  U  H  B  D  A  T  O  O
E  C  T  J  E  V  L  A  T  F  L  T  R  R
D  Z  I  H  J  R  E  Q  D  U  I  E  K  I
V  A  V  M  Z  A  I  L  K  H  T  N  O  C
C  Y  E  P  O  E  M  E  I  Z  Y  L  E  A
L  I  T  E  R  A  R  Y  S  J  I  R  P  L
C  O  N  T  E  X  T  A  U  T  H  O  R  P
```

ADVENTURE	HUMOROUS
AUTHOR	COLLECTION
DUALITY	CONTEXT
EPIC	READER
INVENTIVE	LITERARY
NARRATOR	POETRY
POEM	NOVEL
STORY	PAGE
WRITTEN	SERIES
HISTORICAL	TRAGIC

36 - Menschlicher Körper

```
S  K  I  N  O  O  D  N  O  L  E  A  R  C
M  E  X  N  Y  K  X  H  F  D  E  P  H  D
M  O  U  T  H  U  E  G  E  T  J  G  L  W
M  N  O  F  A  C  E  C  L  A  T  N  O  S
N  H  C  G  B  M  X  L  B  N  D  A  W  A
O  E  B  R  A  I  N  B  O  K  J  K  D  A
S  A  C  J  A  Q  J  A  W  L  B  U  V  O
E  R  H  K  N  E  E  X  W  E  L  H  B  T
P  T  I  X  H  N  U  C  A  T  O  R  T  F
C  O  N  G  A  I  S  H  B  G  O  B  J  I
J  N  I  X  N  S  H  O  U  L  D  E  R  N
R  G  T  G  F  J  H  A  N  D  V  L  V  G
J  U  S  Z  U  C  K  I  Q  J  R  X  V  E
V  E  G  W  M  Y  L  L  L  M  B  T  K  R
```

LEG	JAW
BLOOD	CHIN
ELBOW	KNEE
FINGER	ANKLE
BRAIN	HEAD
FACE	MOUTH
NECK	NOSE
HAND	EAR
SKIN	SHOULDER
HEART	TONGUE

37 - Klettern

```
V I T N S Z L J Z X V L T G
T A E B T Q F A G F A X E L
P Y R N A R R O W T U L Z O
L N R G B E X P E R T G Q V
W T A U I T R A I N I N G E
P F I I L P H Y S I C A L S
A C N D I G P B T N L L H A
C A V E T H S F R J H T I V
I B U S Y A A J E U B I K H
K O D M E P G M N R M T I E
J O I C W K Y V G Y A U N L
G T B F F J O W T B P D G M
A S A T M O S P H E R E W E
B X E D C U R I O S I T Y T
```

ATMOSPHERE
TRAINING
EXPERT
GUIDES
TERRAIN
GLOVES
HELMET
ALTITUDE
CAVE

MAP
CURIOSITY
PHYSICAL
NARROW
STABILITY
STRENGTH
BOOTS
INJURY
HIKING

38 - Landschaften

```
O S T Q S W A M P N J K K M
A I E U W A T E R F A L L O
S U Q A G U L F U R R K C U
I V A L L E Y E N I Y V V N
S J T Z X S S T V C H O E T
I V M E P E N I N S U L A A
S C A V E T K V N L R C G I
L B E M X Z U B Q A I A L N
A E H B M Z Q N E K V N A D
N A C F E M X R D E E O C E
D C K E T R A Z Z R R V I S
O H I L L R G G M A A W E E
O N A J G X Q G E Y S E R R
D N G E X L M L I E J P C T
```

MOUNTAIN	SEA
ICEBERG	OASIS
RIVER	LAKE
GEYSER	BEACH
GLACIER	SWAMP
GULF	VALLEY
PENINSULA	TUNDRA
CAVE	VOLCANO
HILL	WATERFALL
ISLAND	DESERT

39 - Abenteuer

```
N D U I G X T V K V I O A D
A I S N B E A U T Y U P C A
V F U T U B D T G N Q P T N
I F R H W S M O B O T O I G
G I P J B O U W T E R R V E
A C R P K T U A U D A T I R
T U I J K I M J L F V U T O
I L S S O N A T U R E N Y U
O T I P F Y S C O I L I N S
N Y N J C H A N C E S T E N
W K G Z I E F L A N X Y W S
M E B R A V E R Y D X K I U
R D X K A L T W P S R C T H
M J K Z J J Y D C N L W M A
```

ACTIVITY
CHANCE
JOY
FRIENDS
DANGEROUS
OPPORTUNITY
NATURE
NAVIGATION

NEW
TRAVELS
BEAUTY
DIFFICULTY
SAFETY
BRAVERY
UNUSUAL
SURPRISING

40 - Flugzeuge

```
Q V U F H E A Q H E H D X A
Y T D C U D E J E N Y E W T
V Z I V A E R T I G D B C M
Y X F A R S L U G I R F S O
U N Y X H I F R H N O R D S
N N P A J G D B T E G N X P
B A D V E N T U R E E D M H
A D V H W Y E L F E N B Q E
L E P I D G M E S K Y A I R
L S N S G O D N Y D A W F E
O C P T C A K C C O M S F E
O E J O R R T E N H Q W B B
N N D R V X E E P I L O T F
T T G Y Q R C W E A T H E R
```

ADVENTURE
DESCENT
ATMOSPHERE
BALLOON
FUEL
CREW
DESIGN
HISTORY
SKY

HEIGHT
AIR
ENGINE
NAVIGATE
PILOT
TURBULENCE
HYDROGEN
WEATHER

41 - Haartypen

```
O  V  E  K  W  H  I  T  E  T  B  B  C  W
G  R  A  Y  B  A  L  D  C  H  L  R  H  K
D  X  P  P  H  K  V  R  L  I  A  A  S  X
O  U  S  H  H  J  B  Y  R  C  C  I  M  Z
G  H  B  O  G  H  I  B  X  K  K  D  W  W
N  G  H  S  F  W  K  L  C  I  C  S  Z  W
T  C  B  I  S  T  O  O  K  Q  N  A  N  D
C  U  R  L  Y  H  N  N  L  O  N  G  T  F
O  R  A  V  Q  I  O  D  S  D  Q  V  J  C
L  L  I  E  B  N  F  R  Y  R  Z  X  W  F
O  S  D  R  F  C  K  G  T  B  R  O  W  N
R  H  E  A  L  T  H  Y  M  F  I  I  S  H
E  O  D  W  V  N  T  G  E  G  R  M  C  R
D  J  D  S  Z  R  B  Y  I  I  U  A  F  C
```

BLOND	LONG
BROWN	CURLS
THICK	CURLY
THIN	BLACK
COLORED	SILVER
BRAIDED	DRY
HEALTHY	SOFT
GRAY	WHITE
BALD	WAVY
SHORT	BRAIDS

42 - Essen #1

```
P  M  H  P  A  K  Q  D  Y  S  A  L  T  Y
E  B  I  X  G  G  K  X  G  A  R  L  I  C
A  A  A  L  J  E  Z  I  F  L  E  M  O  N
N  S  R  J  K  O  S  U  G  A  R  R  K  K
U  I  Q  H  T  U  N  A  C  D  B  C  X  Z
T  L  A  O  U  C  I  N  N  A  M  O  N  A
H  I  S  T  R  A  W  B  E  R  R  Y  Z  U
J  N  J  H  N  S  J  P  O  V  C  G  B  G
T  O  C  O  I  P  O  U  J  J  O  O  D  X
M  E  A  T  P  I  N  U  I  M  F  J  J  W
I  C  R  S  J  N  I  X  P  C  F  L  K  A
B  U  R  J  L  A  O  F  E  P  E  A  T  Y
S  V  O  L  P  C  N  V  A  W  E  R  Y  J
E  A  T  T  C  H  M  J  R  U  O  C  V  N
```

BASIL	JUICE
PEAR	SALAD
STRAWBERRY	SALT
PEANUT	SPINACH
MEAT	SOUP
COFFEE	TUNA
CARROT	CINNAMON
GARLIC	LEMON
MILK	SUGAR
TURNIP	ONION

43 - Gebäude

```
U H O S T E L O E D A I L A
S N O P N U L F A C T O R Y
T I I S F T U B B Q H G P E
A X G V P H O T E L E A G I
D I R M E I I W E T A R E C
I N G T J R T T E N T A M I
U T F W R B S A M R E G B N
M C A U H J U I L V R E A E
B A R N N H R D T A P Q S M
D B M U S E U M B Y E Z S A
K I M L A B O R A T O R Y U
N N S C H O O L Q M B J S A
S U P E R M A R K E T T E C
O B S E R V A T O R Y K Z R
```

FARM	MUSEUM
EMBASSY	OBSERVATORY
FACTORY	BARN
GARAGE	SCHOOL
HOSTEL	STADIUM
HOTEL	SUPERMARKET
CABIN	THEATER
CINEMA	TOWER
HOSPITAL	UNIVERSITY
LABORATORY	TENT

44 - Angeln

```
W B Z G Q R T S D E R G G E
N E Q U I P M E N T W X B X
O A I D N C J A W U A W U A
Z C D G I L L S J Z E B T G
X H D F H I F O C N S P E G
J O A P V T L N R W Y A C E
F I N S Z U T P S I Q T C R
C H B R B A I T E R V I O A
O O A X O S C A L E S E I T
O O S O A W L M A W H N R I
K K K Z T U A F K P H C Q O
D L E K S V A T E O C E A N
C R T X C V A I E W D S F N
O D O Q E Z P G O R U H G V
```

EQUIPMENT   GILLS
BOAT   COOK
WIRE   BASKET
FINS   BAIT
RIVER   OCEAN
PATIENCE   LAKE
WEIGHT   BEACH
HOOK   EXAGGERATION
SEASON   SCALES
JAW   WATER

45 - Regenwald

```
N  R  E  C  B  O  T  A  N  I  C  A  L  D
I  A  D  J  C  O  M  M  U  N  I  T  Y  I
C  D  T  V  C  A  V  P  C  D  M  S  S  V
Q  Y  O  U  F  P  A  H  L  I  A  O  C  E
G  U  T  W  R  B  L  I  O  G  M  F  S  R
B  I  R  D  S  E  U  B  U  E  M  J  B  S
S  G  S  I  V  T  A  I  D  N  A  D  R  I
U  E  C  E  I  Y  B  A  S  O  L  D  E  T
R  P  O  O  X  P  L  N  X  U  S  Q  S  Y
V  S  P  E  C  I  E  S  K  S  L  S  P  X
I  N  S  E  C  T  S  J  U  N  G  L  E  H
V  R  E  F  U  G  E  E  W  P  M  F  C  I
A  E  Y  D  U  V  K  C  L  I  M  A  T  E
L  G  G  V  P  C  D  K  Q  T  J  P  K  D
```

AMPHIBIANS
SPECIES
BOTANICAL
JUNGLE
INDIGENOUS
COMMUNITY
INSECTS
CLIMATE
MOSS

NATURE
RESPECT
MAMMALS
SURVIVAL
DIVERSITY
BIRDS
VALUABLE
CLOUDS
REFUGE

46 - Essen #2

```
A S P A R A G U S H A M C C
B A N A N A F B R E A D H H
B R J P N J I N B C F K E O
R T M P C E S H X H F E E C
O I I L T E H K P E T G S O
C C C E M Y L F Z R O G E L
C H Y E Y S B E D R M Y E A
O O A L M O N D R Y A O G T
L K K E B K I T T Y T G G E
I E M U S H R O O M O U P W
O P D Q D I C C M U L R L H
O E L W K O V W A G K T A E
P G I U H F V I I W Y I N A
M X D G J L I G T P R O T T
```

APPLE	CHERRY
ARTICHOKE	ALMOND
EGGPLANT	MUSHROOM
BANANA	RICE
BROCCOLI	HAM
BREAD	CHOCOLATE
EGG	CELERY
FISH	ASPARAGUS
YOGURT	TOMATO
CHEESE	WHEAT

47 - Familie

```
G C T B D R F X T Y C T A N
R H G R A N D M O T H E R E
A I R O P V A G V F H B V P
N L A T A H U S B A N D O H
D D N H T C G N N I E C E E
F H D E E H H M C W I F E W
A O S R R I T A O L U A I O
T O O U L E T P T E D H K
H D N A A D R E Z M H N N K
E F P M L X X R X W F E A M
R A U N T L G N K J C Y R A
C O U S I N N A S I S T E R
F A T H E R W L Z X K B W Y
A N C E S T O R R H Q K S V
```

BROTHER
WIFE
HUSBAND
GRANDSON
GRANDMOTHER
GRANDFATHER
CHILD
CHILDHOOD
MOTHER
MATERNAL

NEPHEW
NIECE
UNCLE
SISTER
AUNT
DAUGHTER
FATHER
PATERNAL
COUSIN
ANCESTOR

48 - Pflanzen

```
I  Z  K  W  G  B  C  W  H  M  F  Y  V  B
V  L  B  Q  R  L  A  B  U  S  H  F  E  E
Y  F  R  F  A  Y  C  M  C  F  W  O  G  R
Z  Z  C  G  S  V  T  E  B  L  F  L  E  R
R  O  O  T  S  R  U  E  L  O  V  I  T  Y
H  B  G  M  B  T  S  D  T  W  O  A  A  F
F  L  O  R  A  G  A  R  D  E  N  G  T  Z
T  P  E  T  A  L  K  X  T  R  N  E  I  F
M  F  V  R  A  L  J  V  U  P  G  I  O  S
L  O  B  E  A  N  T  K  V  H  R  D  N  G
H  R  S  E  K  V  Y  X  D  S  B  Y  Y  Y
E  E  V  S  F  E  R  T  I  L  I  Z  E  R
R  S  S  X  G  L  Q  A  J  L  K  O  L  G
B  T  E  S  S  S  H  J  C  P  J  U  P  Q
```

BAMBOO	FLORA
TREE	GARDEN
BERRY	GRASS
FLOWER	CACTUS
PETAL	HERB
BEAN	FOLIAGE
BOTANY	MOSS
BUSH	VEGETATION
FERTILIZER	FOREST
IVY	ROOT

49 - Kunst

```
E Z R P T T R H S P M G P C
N X Z J E Q B A U A T X E R
P T P C E M Z Q B I S B R C
T P O R T R A Y J N W M S E
K Y E E E M O J E T S V O R
E N T A O S E J C I Y I N A
O H R T J N S V T N M S A M
R O Y E Q P J I M G B U L I
I N S P I R E D O S O A U C
G E I U A V H I O N L L R N
I S M M E A L Y D H M S D D
N T P S U R R E A L I S M R
A G L K C O M P L E X Q Q O
L X E S C U L P T U R E I G
```

EXPRESSION   PERSONAL
HONEST   POETRY
SIMPLE   PORTRAY
SUBJECT   CREATE
PAINTINGS   SCULPTURE
INSPIRED   MOOD
CERAMIC   SURREALISM
COMPLEX   SYMBOL
ORIGINAL   VISUAL

50 - Gewürze

```
T  M  D  D  R  O  Z  F  P  S  J  B  I  C
M  P  D  X  F  B  S  L  E  J  T  I  C  A
H  R  S  U  O  G  A  A  P  N  A  T  C  R
Z  I  D  J  C  M  F  V  P  P  N  T  Y  D
L  D  Z  V  O  T  F  O  E  A  I  E  U  A
I  J  O  T  S  L  R  R  R  P  S  R  L  M
C  I  N  N  A  M  O  N  G  R  E  F  S  O
O  L  I  H  L  T  N  Z  D  I  B  Q  O  M
R  K  O  I  T  A  N  X  Z  K  N  D  U  A
I  F  N  V  G  B  U  W  B  A  V  G  R  P
C  A  S  W  E  E  T  C  U  R  R  Y  E  Z
E  J  I  J  P  E  M  A  P  G  C  Y  F  R
G  A  U  X  X  H  E  V  A  N  I  L  L  A
T  C  F  C  A  N  G  A  R  L  I  C  A  Q
```

ANISE	CLOVE
BITTER	PAPRIKA
CURRY	PEPPER
FENNEL	SAFFRON
FLAVOR	SALT
GINGER	SOUR
CARDAMOM	SWEET
GARLIC	VANILLA
LICORICE	CINNAMON
NUTMEG	ONION

51 - Gemüse

```
L R M N T G G E T O M A T O
C S P U M P K I N I L J D A
O E W Y S U D S V S P I I Q
N G L V H H C I C Y O I V J
I G P E G A R L I C T H G E
O P X V R M Y O L A A D I C
N L D W H Y E C O B T R N A
P A R S L E Y U B M O P G R
E N N A R T I C H O K E E R
A T S A L A D U H G A R R O
X R X P P S I M R S R U S T
S P I N A C H B T U R N I P
M B R T C A N E P P E Y Y W
G V R M H P B R O C C O L I
```

ARTICHOKE	OLIVE
EGGPLANT	PARSLEY
BROCCOLI	MUSHROOM
PEA	TURNIP
CUCUMBER	SALAD
GINGER	CELERY
CARROT	SPINACH
POTATO	TOMATO
GARLIC	ONION
PUMPKIN	

52 - Katzen

```
U P A W I L D E L O C V C C
B Z Z F D S B E I N R P U U
V M L F F L Q S T W A L P R
P G K X O E O H T I Z A Q I
V S W I F E C Y L C Y Y S O
J P K H B P L T E D L F J U
P M O U S E A A I W J U N S
Y A R N J E W I Z O X L F I
A J E T Y T P L X X N R U J
I N D E P E N D E N T A R A
C L S R W V M K M F F T T F
B S P W X M D B O J A O E E
F U N N Y W I V H J T S E W
P E R S O N A L I T Y E T D
```

FUR
YARN
HUNTER
FUNNY
CLAW
AFFECTIONATE
MOUSE
CURIOUS
PERSONALITY
PAW

SLEEP
FAST
SHY
TAIL
INDEPENDENT
CRAZY
PLAYFUL
LITTLE
WILD

53 - Tanzen

```
C W C H O R E O G R A P H Y
U J A M L M E M O T I O N V
L V O T B J R H Y T H M Z I
T C A Y Q R L Z E O Y X V S
U G M C F L Z Q Y A W C P U
R N O Q A U R R W R R E Y A
A N V P P D L T E T P S G L
L W E L A S E K W N O U A I
J U M P R G R M M U S I C L
O C E X T R E N Y W T J Q B
O B N N N A T R W C U Q W O
L U T P E C U L T U R E W D
T E X P R E S S I V E H K Y
C L A S S I C A L E U O R X
```

ACADEMY
GRACE
EXPRESSIVE
MOVEMENT
CHOREOGRAPHY
EMOTION
JOYFUL
POSTURE
CLASSICAL
BODY

CULTURE
CULTURAL
ART
MUSIC
PARTNER
REHEARSAL
RHYTHM
JUMP
VISUAL

54 - Ernährung

```
C F E R M E N T A T I O N J
A E Z W E I G H T N W J H E
R A K A Q O Q C M U K Y I D
B P A H N B U B E T E I O I
O P X X F C A L O R I E S B
H E J V X W L L C I E G X L
Y T G E D H I V A E D A R E
D I O P R O T E I N S V L N
R T R X R E Y S J T C H L S
A E U P I F L A V O R E V N
T N W O P N B K N B W A D C
E D I G E S T I O N I L I G
S A U C E H K M B I T T E R
R L H H E A L T H Y K H T T
```

APPETITE
BALANCED
BITTER
DIET
EDIBLE
FERMENTATION
FLAVOR
HEALTHY
HEALTH
CEREALS

WEIGHT
CALORIES
CARBOHYDRATES
NUTRIENT
PROTEINS
QUALITY
SAUCE
TOXIN
DIGESTION

55 - Technologie

```
C  J  B  M  K  I  H  C  U  S  V  L  D  D
U  S  R  D  I  S  P  L  A  Y  M  Q  I  A
R  E  S  E  A  R  C  H  K  M  J  S  G  T
S  C  Z  C  Q  B  R  O  W  S  E  R  I  A
O  U  V  I  R  T  U  A  L  Q  G  R  T  E
R  R  B  D  A  E  J  A  J  T  E  O  A  I
V  I  H  D  J  Y  E  M  N  T  H  L  L  V
I  T  L  F  Q  B  I  N  T  E  R  N  E  T
R  Y  F  C  O  M  P  U  T  E  R  A  M  N
U  W  O  I  S  T  A  T  I  S  T  I  C  S
S  M  N  Q  L  M  E  S  S  A  G  E  A  I
B  Y  T  E  S  E  S  O  F  T  W  A  R  E
W  U  H  B  L  O  G  G  X  Y  B  H  G  I
X  O  T  Z  Q  J  K  U  M  O  X  H  D  Y
```

DISPLAY	RESEARCH
SCREEN	INTERNET
BLOG	CAMERA
BROWSER	MESSAGE
BYTES	FONT
COMPUTER	SECURITY
CURSOR	SOFTWARE
FILE	STATISTICS
DATA	VIRTUAL
DIGITAL	VIRUS

56 - Wasser

```
R  S  J  C  O  M  B  Z  I  L  W  H  T  E
F  A  X  X  C  M  O  N  W  A  V  E  S  V
W  A  I  S  E  I  O  I  F  K  W  J  A  A
U  C  A  N  A  L  X  N  S  E  S  H  G  P
Q  V  F  O  N  F  R  O  S  T  V  O  P  O
D  P  I  W  S  T  E  A  M  O  U  C  E  R
D  R  I  N  K  A  B  L  E  H  O  R  G  A
H  U  R  R  I  C  A  N  E  U  X  N  E  T
A  L  W  Q  I  K  K  T  I  C  E  M  Y  I
R  I  V  E  R  N  D  B  X  W  A  W  S  O
I  R  R  I  G  A  T  I  O  N  F  V  E  N
Y  P  E  S  H  O  W  E  R  G  R  R  R  B
R  Q  F  L  O  O  D  A  M  P  Q  C  M  Z
K  Z  S  J  D  Z  P  R  L  R  X  O  S  A
```

IRRIGATION	HURRICANE
STEAM	CANAL
SHOWER	MONSOON
ICE	OCEAN
DAMP	RAIN
MOISTURE	SNOW
RIVER	LAKE
FLOOD	DRINKABLE
FROST	EVAPORATION
GEYSER	WAVES

57 - Science Fiction

```
D M F C F A N T A S T I C E
Y Y U B I I J J H R C G U X
S S T F O N I R V E J A O P
T T U R Q O E O R A C L E L
O E R I Q S K M F L A A U O
P R I M L K S S A I J X T S
I I S A H L P H N S V Y O I
A O T G Z P U L P T I T P O
S U I I F S S S F I R E I N
R S C N Q A P U I C B T A S
O B R A T E C H N O L O G Y
M X B R P L A N E T N Y C U
W A K Y T I T X R O B O T S
W O R L D E X T R E M E Q O
```

BOOKS
DYSTOPIA
EXPLOSION
EXTREME
FANTASTIC
FIRE
FUTURISTIC
GALAXY
MYSTERIOUS
ILLUSION

IMAGINARY
CINEMA
ORACLE
PLANET
REALISTIC
ROBOTS
TECHNOLOGY
UTOPIA
WORLD

58 - Haustiere

```
D A H C R S A H Z N P I S T
X B Y P A R R O T G Z X H T
V T G Q B T T M J Q Q L A U
K E I L B C B A M K P E M R
W C T F I S H F I C U A S T
D O G E T E U O M L P S T L
C L O E R K U O O A P H E E
W L A W O I D D U W Y U R Z
Z A T H Y M N W S S R P R L
K R E E Q K P A E X M I N P
K I T T E N Q N R G T I N X
V Y D H Z B J Z M I F F K E
J T G C O W A T E R A D H I
O A I T S L I Z A R D N Z B
```

LIZARD	COW
FOOD	LEASH
FISH	MOUSE
HAMSTER	PARROT
RABBIT	TURTLE
DOG	TAIL
CAT	VETERINARIAN
KITTEN	WATER
COLLAR	PUPPY
CLAWS	GOAT

59 - Geburtstag

```
C A R D S T I M E H V Z H A
S T S P E C I A L A B O R N
V F C F Y A E D Q P O T A D
G N B Y J K B B R P F M R O
P I S J N E N V O Y U D Q K
A U F C E L E B R A T I O N
R A R T U I Y J Q D Y E A R
T P B Y S F C O U Q I F F P
Y W S Z F X F Y U P P Z F J
M I J O U H T F D N R C D B
T S O Z N C K U O Y G D U G
V D A Y P G X L N L R E Z U
T O L E A R N F R I E N D S
E M L Y W C A L E N D A R N
```

CELEBRATION
JOYFUL
FRIENDS
BORN
GIFT
HAPPY
YEAR
YOUNG
CALENDAR
CARDS

CAKE
TO LEARN
SONG
PARTY
FUN
SPECIAL
DAY
WISDOM
TIME

60 - Literatur

```
C O M P A R I S O N A N S M
D E S C R I P T I O N A T E
I B I O G R A P H Y E R Y T
A T A N A L Y S I S C R L A
L H R H Y M E W P G D A E P
O E H A P A P G O J O T X H
G M Y Z G O K B E F T O M O
U E T C H E E B T I E R X R
E M H S I B D M I C J B G Y
O K M M I K H Y C T A K K W
W Z C O N C L U S I O N L M
A N A L O G Y S O O C L D O
X X V H W X B E S N V Y W T
R Q A U T H O R N O V E L I
```

ANALOGY	METAPHOR
ANALYSIS	POETIC
ANECDOTE	RHYME
AUTHOR	RHYTHM
DESCRIPTION	NOVEL
BIOGRAPHY	CONCLUSION
DIALOGUE	STYLE
NARRATOR	THEME
FICTION	TRAGEDY
POEM	COMPARISON

61 - Wandern

```
S P T Q C C M A P T K N Y E
U U R C A L C I I V L P S
N W M E M I D O V R Q K L P
A E O M P M F G L E L U B S
T A U Z I A V A J D B B Z E
U T N S N T R S G H K I B N
R H T T G E L A N I M A L S
E E A O U A U N T X F G C W
H R I N I W X D O I N X L I
K E N E D W A T E R O A I L
R P A S E B O O T S W N F D
Z S G V S H A Z A R D S F B
F B Y L Y M U B R A B Y S O
O R I E N T A T I O N L G T
```

MOUNTAIN
CAMPING
GUIDES
HAZARDS
SUMMIT
MAP
CLIMATE
CLIFF
TIRED
NATURE

ORIENTATION
HEAVY
SUN
STONES
BOOTS
ANIMALS
PREPARATION
WATER
WEATHER
WILD

62 - Länder #2

```
H  L  V  G  M  M  O  L  X  K  T  U  H  H
B  I  L  D  M  O  Q  B  B  I  Z  O  D  P
S  B  O  H  S  X  P  B  U  B  E  M  Y  D
N  E  P  A  L  G  D  J  M  Z  E  E  U  T
K  R  I  I  L  P  L  A  O  S  Y  R  I  A
E  I  N  T  F  B  U  P  R  U  S  S  I  A
N  A  Q  I  X  R  A  A  N  D  E  I  U  J
Y  O  M  F  U  G  A  N  D  A  T  R  K  J
A  G  K  Q  Z  W  I  N  I  N  H  E  R  A
S  R  W  D  P  Z  M  O  C  A  I  L  A  M
M  E  X  I  C  O  F  I  Q  E  O  A  I  A
M  E  P  A  K  I  S  T  A  N  P  N  N  I
C  C  N  I  G  E  R  I  A  M  I  D  E  C
I  E  O  Q  S  L  Y  P  D  N  A  P  R  A
```

ALBANIA	LIBERIA
ETHIOPIA	MEXICO
FRANCE	NEPAL
GREECE	NIGERIA
HAITI	PAKISTAN
IRELAND	RUSSIA
JAMAICA	SUDAN
JAPAN	SYRIA
KENYA	UGANDA
LAOS	UKRAINE

63 - Fahrzeuge

```
S U B W A Y G F H M Y U C A
B I P O S Q W A E B U S A M
I O C O U J R I L R T X R B
C M A M B E K R I O R P T U
Y U R T M I F P C C S Y I L
C H A R A F T L O K P P R A
L T V U R X L A P E G H E N
E H A C I K I N T T T D S C
N N N K N O W E E B L X C E
M Y R Z E X Z J R M O T O R
T R A C T O R L Q C S R O V
K X H T D I X S F L R A T T
M F P E O Y B I C C M I E S
B W E D L A P G G V Z N R O
```

CAR	MOTOR
BOAT	ROCKET
BUS	TIRES
BICYCLE	SCOOTER
FERRY	TAXI
RAFT	TRACTOR
AIRPLANE	SUBWAY
HELICOPTER	SUBMARINE
AMBULANCE	CARAVAN
TRUCK	TRAIN

64 - Musikinstrumente

```
G  T  L  H  B  A  S  S  O  O  N  J  C  F
E  R  S  A  T  R  O  M  B  O  N  E  H  J
L  U  A  R  R  D  M  L  O  E  V  G  I  O
A  M  X  M  J  T  H  M  E  Y  X  K  M  S
I  P  O  O  D  C  E  L  L  O  P  G  E  J
N  E  P  N  F  L  U  T  E  V  E  U  S  A
B  T  H  I  T  A  M  B  O  U  R  I  N  E
L  A  O  C  I  R  D  R  U  M  C  T  Z  C
J  U  N  A  Y  I  V  B  M  B  U  A  U  G
Y  D  E  J  T  N  I  Z  Y  D  S  R  U  L
B  G  N  T  O  E  O  M  J  J  S  D  G  L
G  O  N  G  A  T  L  Q  K  P  I  C  O  O
M  A  N  D  O  L  I  N  N  G  O  S  M  U
H  A  R  P  I  A  N  O  F  M  N  H  Q  O
```

BANJO	PIANO
CELLO	MANDOLIN
BASSOON	HARMONICA
FLUTE	OBOE
VIOLIN	TROMBONE
GUITAR	SAXOPHONE
CHIMES	PERCUSSION
GONG	TAMBOURINE
HARP	DRUM
CLARINET	TRUMPET

65 - Blumen

```
G D A N D E L I O N Q U F J
L A A J L U C Y Z L N B Z A
A P R I Q X G H C B E P H S
V E L D S U N F L O W E R M
E T I Y E Y H R O U L O T I
N A L O E N Z A V Q I N J N
D L Y T U L I P E U L Y N E
E O Y U P R Z A R E A A N L
R I B U X V R Z T T C P B C
G J I K P O P O P P Y W H N
M A G N O L I A S P Z K U S
Z U Q D X P L U M E R I A U
O R C H I D H I B I S C U S
P A S S I O N F L O W E R Z
```

PETAL	MAGNOLIA
GARDENIA	POPPY
DAISY	ORCHID
HIBISCUS	PASSIONFLOWER
JASMINE	PEONY
CLOVER	PLUMERIA
LAVENDER	ROSE
LILAC	SUNFLOWER
LILY	BOUQUET
DANDELION	TULIP

66 - Natur

```
G R Y T R O P I C A L Q A D
L P U D I S A N C T U A R Y
A E M Y V I T A L F L Y C N
C A M M E Q R Z T I S E T A
I C W I R K B U D E I C I M
E E H M D E S E R T M M C I
R F O G O E R O S I O N Q C
N U B E A U T Y S E R E N E
L L H E N R N B E E S J Y L
P G C H I Y X T F O R E S T
L P N M M R B J A W G T D C
F O L I A G E E O I M K B J
F S H E L T E R U L N D O G
T W C C S U V I V D O S L K
```

ARCTIC   FOLIAGE
MOUNTAINS   VITAL
BEES   FOG
DYNAMIC   BEAUTY
EROSION   SHELTER
RIVER   ANIMALS
PEACEFUL   TROPICAL
GLACIER   FOREST
SANCTUARY   WILD
SERENE   DESERT

67 - Urlaub #2

```
L E F G V H H N L C D U M R
H E D G R O J T R A I N O E
F Q I G I T E N T M F R U S
W X L S E E B W Z P C F N T
S M U A U L H P R I R O T A
Z E Q F O R E I G N E R A U
M F A X F Z E H P G H E I R
J N N Z T I S L A N D I N A
F M P A S S P O R T U G S N
B E A C H O L I D A Y N A T
D I N P J O U R N E Y L N V
D E S T I N A T I O N G Q I
G T A X I O A I R P O R T S
E A F Q W A W H A Q N B L A
```

FOREIGNER	PASSPORT
FOREIGN	JOURNEY
MOUNTAINS	RESTAURANT
CAMPING	BEACH
AIRPORT	TAXI
LEISURE	HOLIDAY
HOTEL	VISA
ISLAND	TENT
MAP	DESTINATION
SEA	TRAIN

68 - Zirkus

```
E C M S I C L A K Y K P T S
Q L K U Q Q S N O H N A E P
B C E W S A T I C K E T N E
Y O J P S I O M Y K U W T C
N S U A H N C A I B H V U T
O T G R O A J L L I O N E A
A U G A W E N S D Y U N N C
C M L D C T U T R I C K T U
R E E E T I G E R I D O E L
O S R S P E C T A T O R R A
B W M M A G I C K A B F T R
A Z U O H U M A G I C I A N
T C L O W N M O N K E Y I G
X Z Z K V P B E O O V U N M
```

MONKEY	PARADE
ACROBAT	SPECTACULAR
CLOWN	ANIMALS
ELEPHANT	TIGER
TICKET	TRICK
JUGGLER	ENTERTAIN
COSTUME	MAGICIAN
LION	SHOW
MAGIC	TENT
MUSIC	SPECTATOR

69 - Barbecues

```
F  R  U  I  T  G  A  M  E  S  A  T  F  R
V  P  F  G  R  I  L  L  E  W  J  H  M  C
V  E  G  E  T  A  B  L  E  S  A  L  T  H
X  P  S  H  L  U  N  C  H  D  A  M  L  I
H  P  U  A  U  W  Y  A  J  I  O  U  B  C
W  E  M  W  L  N  W  U  F  N  W  S  C  K
F  R  M  J  L  A  G  B  W  N  Z  I  H  E
H  A  E  T  W  H  D  E  C  E  H  C  I  N
O  B  R  F  D  I  F  S  R  R  F  R  L  I
T  C  O  O  K  I  N  G  C  I  A  F  D  M
D  M  A  R  F  M  B  N  Q  T  W  A  R  E
G  H  Z  K  D  X  A  Z  E  I  I  U  E  Y
J  R  R  S  F  M  G  D  V  C  F  N  N  C
F  A  M  I  L  Y  K  N  I  V  E  S  Q  C
```

DINNER	COOKING
FAMILY	KNIVES
FRUIT	LUNCH
FORKS	MUSIC
VEGETABLES	PEPPER
GRILL	SALADS
HOT	SALT
CHICKEN	SUMMER
HUNGER	SAUCE
CHILDREN	GAMES

70 - Küche

```
L  C  S  C  X  H  E  R  S  K  G  K  P  R
N  U  H  E  V  R  H  A  D  T  U  E  E  E
A  P  R  O  N  F  O  R  K  S  J  T  R  F
P  S  E  V  P  T  R  Y  I  O  U  T  F  R
K  P  C  E  Z  S  W  E  E  E  G  L  A  I
I  O  I  N  A  L  T  O  E  A  T  E  U  G
N  O  P  C  F  F  Y  I  C  Z  P  O  B  E
H  N  E  A  S  Z  P  I  C  J  E  W  U  R
A  S  L  C  Q  E  U  E  Y  K  E  R  R  A
I  P  S  P  I  C  E  S  B  I  S  L  L  T
G  O  P  V  W  W  A  S  I  O  R  B  A  O
K  N  I  V  E  S  Z  Z  G  Y  W  Q  D  R
B  G  O  F  Q  B  C  A  G  R  I  L  L  P
O  E  Q  B  Q  D  A  B  X  Q  Z  Y  E  N
```

TO EAT	KNIVES
CHOPSTICKS	OVEN
FORKS	RECIPE
FREEZER	APRON
SPICES	BOWL
GRILL	SPONGE
LADLE	NAPKIN
JUG	CUPS
REFRIGERATOR	KETTLE
SPOONS	

71 - Schach

```
A  C  B  E  Z  B  J  R  V  H  N  D  O  T
L  E  U  R  U  P  L  A  Y  E  R  O  P  O
S  D  I  A  G  O  N  A  L  D  M  O  P  U
C  H  A  M  P  I  O  N  C  Y  B  C  O  R
F  P  A  S  S  I  V  E  L  K  M  C  N  N
S  A  C  R  I  F  I  C  E  I  B  K  E  A
R  T  L  N  B  K  E  E  V  N  D  E  N  M
A  M  R  R  A  Y  A  I  E  G  R  W  T  E
U  P  P  A  U  Q  Q  D  R  A  M  H  C  N
T  T  X  R  T  L  Z  S  T  M  F  I  Z  T
T  V  R  Q  U  E  E  N  I  E  B  T  D  F
P  O  I  N  T  S  G  S  E  B  R  E  C  R
C  O  N  T  E  S  T  Y  T  I  M  E  X  D
Y  Z  T  O  L  E  A  R  N  O  Z  Z  P  S
```

CHAMPION
DIAGONAL
OPPONENT
CLEVER
KING
QUEEN
TO LEARN
SACRIFICE
PASSIVE
POINTS

RULES
BLACK
GAME
PLAYER
STRATEGY
TOURNAMENT
WHITE
CONTEST
TIME

72 - Erhaltung

```
S C Y C L E X H R V P P E W
P U U Y V E V A E O E O N C
Q X S E H X C B C L D L V I
N W A T E R E I Y U U L I I
C L I M A T E T C N C U R R
W O I O L I R A L T A T O R
D N Z J T L N T E E T I N E
K V G E H O S A D E I O M D
S O R G A N I C B R O N E U
C H E M I C A L S L N L N C
Z H E E C O S Y S T E M T E
R Q N A T U R A L R R K A E
P E S T I C I D E V Y Y L C
N T O Z V Y K F G O J F E T
```

EDUCATION   ORGANIC
CHEMICALS   ECOSYSTEM
VOLUNTEER   PESTICIDE
HEALTH   RECYCLE
GREEN   REDUCE
CLIMATE   ENVIRONMENTAL
HABITAT   POLLUTION
SUSTAINABLE   WATER
NATURAL   CYCLE

73 - Geographie

```
C M L K S C H M L F R W M H
W O E D E I O C E A N O O E
C W N R A T G U X N E R U M
M E E T I Y L Q N A T L N I
A S W P I D D T Z T E D T S
P T V U D N I S E L R L A P
I S L A N D E A D A R Y I H
E Q U A T O R N N S I W N E
A L T I T U D E T V T F O R
L A T I T U D E X W O S R E
T R S E W E B J E D R G T L
R I V E R E G I O N Y Q H W
W C O N S D Y D Z Q R D V I
H X F A M F F S P U F P O Z
```

ATLAS   CONTINENT
EQUATOR   COUNTRY
MOUNTAIN   SEA
LATITUDE   MERIDIAN
RIVER   NORTH
TERRITORY   OCEAN
HEMISPHERE   REGION
ALTITUDE   CITY
ISLAND   WORLD
MAP   WEST

74 - Zahlen

```
T  T  W  N  E  I  G  H  T  E  E  N  T  G
H  W  V  I  C  X  S  T  W  O  F  M  E  F
R  E  B  W  Q  N  I  N  E  T  E  E  N  I
E  L  E  B  A  O  X  R  N  F  O  U  R  F
E  V  Z  H  K  C  J  F  T  O  B  T  X  T
P  E  G  R  V  W  A  T  Y  U  C  P  O  E
Z  M  F  Q  P  U  H  H  D  R  D  U  C  E
Q  X  X  W  G  V  S  I  X  T  E  E  N  N
C  W  G  U  Q  Z  E  R  O  E  C  F  T  K
D  P  E  P  Q  S  V  T  W  E  I  D  K  E
E  X  T  A  B  M  E  E  Y  N  M  G  S  Q
Z  K  A  E  N  I  N  E  P  M  A  J  H  M
O  V  U  I  I  C  T  N  C  J  L  H  B  T
F  I  V  E  S  E  V  E  N  T  E  E  N  H
```

EIGHT	SIX
EIGHTEEN	SIXTEEN
DECIMAL	SEVEN
THREE	SEVENTEEN
THIRTEEN	FOUR
FIVE	FOURTEEN
FIFTEEN	TEN
NINE	TWENTY
NINETEEN	TWO
ZERO	TWELVE

75 - Kunst Liefert

```
C F T A B L E Y C L A Y G U
O J M B C B B J H Z X L T Z
L I N H H R E R A S E R A H
O C N M A D Y G I D E A S Q
R R B K R I Q L R Q P Y O C
S E R I C L U U I P A P E R
R A U I O O X E T C I E A A
S T S G A Z I E J A T N S Y
V I H W L F V L J M R C E O
R V E G C Y S S U E U I L N
C I S M Z L O A Z R U L B S
W T T H J V B C R A F S P T
B Y W A T E R T O I P L A V
R K H Z F G J V M X Q Z K Q
```

ACRYLIC
PENCILS
CRAYONS
BRUSHES
COLORS
CHARCOAL
IDEAS
CAMERA
CREATIVITY
GLUE

OIL
PAPER
ERASER
EASEL
CHAIR
TABLE
INK
CLAY
WATER

76 - Tage und Monate

```
A  I  B  A  M  D  J  T  X  B  D  A  I  D
W  W  O  K  U  S  A  T  U  R  D  A  Y  E
Q  Q  V  L  M  G  N  J  X  C  T  F  S  C
S  U  N  D  A  Y  U  K  C  A  X  D  E  E
N  R  G  A  T  C  A  S  M  L  P  O  P  M
O  O  E  X  C  P  R  W  T  E  F  C  T  B
Q  L  V  E  S  E  Y  J  U  N  E  T  E  E
M  S  N  E  M  O  N  T  H  D  B  O  M  R
L  O  G  A  M  K  D  D  H  A  R  B  B  Y
Q  K  N  B  Y  B  H  Q  R  R  U  E  E  O
J  Q  P  D  C  N  E  C  Y  E  A  R  R  U
J  U  L  Y  A  L  N  R  V  V  R  E  B  C
N  L  Z  R  S  Y  W  E  E  K  Y  X  G  P
T  H  U  R  S  D  A  Y  F  R  I  D  A  Y
```

AUGUST	CALENDAR
DECEMBER	MONTH
THURSDAY	MONDAY
FEBRUARY	NOVEMBER
FRIDAY	OCTOBER
YEAR	SATURDAY
JANUARY	SEPTEMBER
JULY	SUNDAY
JUNE	WEEK

77 - Piraten

```
C O M P A S S S M C Z N L E
A R U M V O A C A A L L P A
P O E C H I H A P V R R T D
T C S W D F T R J E H L R N
A F O A D V E N T U R E E F
I D X I V Q G O L D T G A B
N A G V N S W O R D D E S E
T Y C B B S Z D U E A N U B
P W Q A K M I S L A N D R E
T A V D S S Y B O N G L E A
S C R K S V U Q O C E H E C
F D E R E F L A G H R H C H
A N U P O B V P U O T R I A
M E V U L T L F E R A J N R
```

ADVENTURE	COMPASS
ANCHOR	LEGEND
CREW	COINS
FLAG	SCAR
DANGER	PARROT
GOLD	RUM
CAVE	TREASURE
ISLAND	BAD
CAPTAIN	SWORD
MAP	BEACH

78 - Emotionen

```
A N G E R C L E B L O V E O
S R C P E A C E O K M S O J
A E T O W L L X R I E H E O
D L E S N M F L E N O H M Y
N A N H R T L Y D D D C B D
E X D M U T E W O N F S A G
S E E I N F F N M E F Y R R
S D R E L I E F T S E M R A
H O N F O L F T H S A P A T
M Q E X C I T E D S R A S E
A C S S U R P R I S E T S F
G O S A T I S F I E D H E U
H T R A N Q U I L I T Y D L
M H T P Y K D R L X H Z S R
```

FEAR
EXCITED
EMBARRASSED
GRATEFUL
RELAXED
JOY
KINDNESS
PEACE
CONTENT
BOREDOM

LOVE
RELIEF
TRANQUILITY
CALM
SYMPATHY
SADNESS
SURPRISE
ANGER
TENDERNESS
SATISFIED

79 - Zu Füllen

```
C V H M E T F W S I V W T S
A B A S K E T X F V B G G U
R O U X G B U C K E T R A I
T T Y G B I B J O S V K A T
O T K B K J A D G S D P G C
N L T X J G T D C E J A R A
V E V F O L D E R L I C N S
B A S I N B R N A Y W K Y E
B P S B U A A V T T V E L R
Q O O E H R W E E R V T X H
D C X Y O R E L O H A B T W
J K O E I E R O G A Q Y U I
N E G F D L C P X M C L B E
S T D M P G V E M J I U E W
```

BASIN   FOLDER
BOX   PACKET
BUCKET   TUBE
BARREL   VESSEL
BOTTLE   DRAWER
CARTON   TRAY
CRATE   POCKET
SUITCASE   ENVELOPE
BASKET   VASE
JAR   TUB

80 - Surfen

```
P  D  L  P  E  C  R  O  W  D  S  S  B  W
C  K  B  G  O  X  Q  H  A  D  Q  T  J  E
C  X  B  D  C  P  T  Z  V  A  P  O  Y  A
M  H  E  J  E  F  U  R  E  I  Q  M  O  T
K  Z  A  W  A  T  H  L  E  T  E  A  S  H
W  Q  C  M  N  L  I  S  A  M  G  C  P  E
U  M  H  U  P  F  O  T  K  R  E  H  E  R
L  Y  D  D  Z  I  F  R  R  D  T  P  E  L
S  P  R  A  Y  I  O  E  K  F  D  A  D  D
T  O  S  W  I  M  A  N  I  C  W  D  Y  N
Y  A  W  Y  T  D  M  G  R  A  Y  D  N  K
L  B  J  W  I  Q  C  T  E  E  B  L  T  R
E  C  H  N  R  M  D  H  E  Y  O  E  D  X
B  E  G  I  N  N  E  R  F  U  N  S  M  V
```

BEGINNER	REEF
ATHLETE	FOAM
POPULAR	TO SWIM
CHAMPION	FUN
EXTREME	SPRAY
SPEED	STRENGTH
STOMACH	STYLE
CROWDS	BEACH
OCEAN	WAVE
PADDLE	WEATHER

81 - Möbel

```
B P A R M O I R E H E S K A
E P I L D E S K R Y S H E R
D G J L O R H J X U E E Z M
R Z W E L B E N C H G L S C
F B F U T O N S H Z D V I H
K U E S L O W N S R M E E A
V C L S G K X J U E I S G I
L A M P Y C H A I R R U J R
D I A J P A M A T T R E S S
W P I E Q S H A M M O C K P
V V C Q I E N V H T R O W G
T C O M F O R T E R S U V F
C U R T A I N S P T G C S Q
D T R D G B U E P N W H Q J
```

BENCH	MATTRESS
BED	SHELVES
COMFORTERS	ARMOIRE
BOOKCASE	DESK
COUCH	ARMCHAIR
FUTON	MIRROR
HAMMOCK	CHAIR
PILLOW	RUG
DRESSER	CURTAINS
LAMP	

82 - Kräuterkunde

```
Q G O K P A J R U I L I N N
E U A U H A G A R L I C T Z
W M A R J O R A M Q D Q H Z
R W P L D E E S O X T H Y G
C S J O I E E S L S Y L M B
U D T E T N A T E U A E E
L D I L L Y Y F Z B Y V I N
I H E M F H B F L O W E R E
N R O S E M A R Y A P N R F
A Y I K N K S O C F J D W I
R X N K N W I N Q G T E F C
Y K O P E F L A V O R R U I
X L E N L A R O M A T I C A
T A R R A G O N O V Y C E L
```

AROMATIC   CULINARY
BASIL   LAVENDER
FLOWER   MARJORAM
DILL   PARSLEY
TARRAGON   QUALITY
FENNEL   ROSEMARY
GARDEN   SAFFRON
FLAVOR   THYME
GREEN   BENEFICIAL
GARLIC

83 - Tugenden #1

```
P  X  L  E  W  E  H  S  W  V  P  B  E  I
C  X  I  Q  Y  K  E  Q  I  J  A  I  X  N
R  E  L  I  A  B  L  E  S  R  T  Q  D  T
M  P  Q  Y  C  A  P  P  E  A  I  G  H  E
C  O  I  G  F  R  F  A  F  B  E  E  Q  L
V  L  D  I  N  T  U  S  F  U  N  N  Y  L
B  J  E  E  U  I  L  S  I  D  T  E  C  I
W  Y  K  A  S  S  V  I  C  E  R  R  H  G
G  V  D  O  N  T  O  O  I  C  G  O  A  E
B  O  D  E  O  I  B  N  E  I  V  U  R  N
W  V  O  O  K  C  U  A  N  S  C  S  M  T
Z  Z  G  D  N  K  T  T  T  I  I  I  I  Q
C  U  R  I  O  U  S  E  F  V  J  K  N  D
P  R  A  C  T  I  C  A  L  E  D  G  G  J
```

MODEST	FUNNY
CHARMING	ARTISTIC
EFFICIENT	PASSIONATE
DECISIVE	CURIOUS
PATIENT	PRACTICAL
GENEROUS	CLEAN
GOOD	WISE
HELPFUL	RELIABLE
INTELLIGENT	

84 - Aktivitäten und Freizeit

```
N  S  H  O  P  P  I  N  G  A  G  X  I  R
J  O  Z  M  W  A  H  P  O  R  S  F  G  I
R  C  B  V  Z  I  I  B  L  T  L  J  A  S
U  C  Y  R  O  N  K  A  F  S  Q  O  R  R
Z  E  O  A  S  T  I  S  Q  U  E  A  D  E
J  R  D  C  Y  I  N  E  T  R  A  V  E  L
F  X  N  I  H  N  G  B  E  F  N  N  N  A
H  I  H  N  V  G  A  A  N  I  Z  T  I  X
Z  U  S  G  K  I  F  L  N  N  O  U  N  I
J  Z  N  H  D  H  N  L  I  G  P  E  G  N
L  D  R  O  I  U  P  G  S  D  U  M  T  G
S  D  P  K  C  N  C  A  M  P  I  N  G  N
M  I  S  Q  R  I  G  E  V  I  J  N  Z  O
S  W  I  M  M  I  N  G  B  O  X  I  N  G
```

FISHING	GOLF
BASEBALL	ART
BOXING	TRAVEL
CAMPING	RACING
SHOPPING	SWIMMING
RELAXING	SURFING
SOCCER	DIVING
GARDENING	TENNIS
PAINTING	HIKING

85 - Formen

```
J  S  I  W  T  I  Z  P  V  Q  O  U  L  G
H  O  K  P  H  I  U  H  Q  A  T  F  Y  J
O  Y  R  E  C  T  A  N  G  L  E  N  X  Y
V  Y  P  R  C  A  R  C  M  E  F  W  P  K
A  U  A  E  I  Z  C  O  R  N  E  R  A  E
L  S  Y  N  R  O  U  N  D  C  U  B  E  D
I  S  I  D  C  B  H  E  N  T  U  Y  Z  G
N  A  Q  D  L  Z  O  K  R  R  E  R  C  E
E  W  R  W  E  C  Y  L  E  I  L  S  V  S
P  Y  R  A  M  I  D  C  A  A  L  Q  N  E
P  O  L  Y  G  O  N  A  H  N  I  U  H  Y
P  R  I  S  M  K  G  A  L  G  P  A  L  U
U  C  Y  L  I  N  D  E  R  L  S  R  W  M
W  N  F  B  J  R  N  K  I  E  E  E  R  B
```

ARC	OVAL
TRIANGLE	POLYGON
CORNER	PRISM
ELLIPSE	PYRAMID
HYPERBOLA	SQUARE
EDGES	RECTANGLE
CONE	ROUND
CIRCLE	SIDE
CURVE	CUBE
LINE	CYLINDER

86 - Adjektive #2

```
C I H K P R O D U C T I V E
Z N E W C R E A T I V E A L
M T N A T U R A L Z W W U E
D E S C R I P T I V E I T G
U R C J P R O U D S W L H A
X E J M Z U F P K D A E N
S S U P C A U D F R F L N T
F T H E A L T H Y A A H T I
E I R W V F C V F M M U I Y
D N N O R M A L R A O N C L
I G P T N G V G E T U G W Z
B E A S G G V C S I S R H A
L D V X G J L J H C F Y M S
E U R E S P O N S I B L E I
```

AUTHENTIC
FAMOUS
DESCRIPTIVE
DRAMATIC
ELEGANT
EDIBLE
FRESH
HEALTHY
HUNGRY
INTERESTING

CREATIVE
NATURAL
NEW
NORMAL
PRODUCTIVE
SALTY
STRONG
PROUD
RESPONSIBLE
WILD

87 - Kleidung

```
D R E S S D N Z S G N K R E
D H A X G F L S D X R B Z R
E O D O S D H P B L O U S E
C Q W E F R M B A H V V H J
P L O Y E A J E A N S W I A
N A L J E W E L R Y T D R C
B E J S W E A T E R K S T K
R P C A F A S H I O N C I E
A E O K M L R B G V H A T T
C K A Q L A O U L A P R O N
E L T O Y A S H O E S F K W
L S K I R T C B V G F P H G
E J W F E G E E E A S T Y W
T E X I X F Q E S V V P W T
```

BRACELET	DRESS
BLOUSE	COAT
BELT	FASHION
NECKLACE	SWEATER
GLOVES	SKIRT
SHIRT	SCARF
PANTS	PAJAMAS
HAT	JEWELRY
JACKET	SHOE
JEANS	APRON

88 - Sommer

```
F  C  P  O  R  H  G  Q  F  C  S  N  H  T
R  A  V  Z  T  R  A  V  E  L  Q  Q  M  O
I  B  M  L  T  J  M  E  M  O  R  I  E  S
E  E  U  I  G  P  E  P  L  X  L  N  R  W
N  A  S  Z  L  A  S  E  A  O  E  P  E  I
D  C  I  P  W  Y  R  H  C  X  I  P  L  M
S  H  C  I  V  C  H  D  B  X  S  F  A  V
S  D  I  V  I  N  G  K  E  H  U  O  X  A
T  A  C  A  M  P  I  N  G  N  R  O  A  C
A  K  N  D  V  D  G  H  L  E  E  D  T  A
R  D  Y  D  B  Z  A  C  W  E  P  O  I  T
S  P  S  O  A  K  G  C  J  I  E  V  O  I
I  D  H  B  H  L  X  B  O  O  K  S  N  O
W  I  V  W  U  K  S  L  Y  C  M  I  T  N
```

BOOKS	SEA
CAMPING	MUSIC
RELAXATION	TRAVEL
MEMORIES	SANDALS
FOOD	TO SWIM
FAMILY	GAMES
LEISURE	STARS
JOY	BEACH
FRIENDS	DIVING
GARDEN	VACATION

89 - Farben

```
P  B  D  V  Z  B  L  U  E  Q  P  S  J  E
T  S  E  P  I  A  H  E  J  C  I  R  E  D
T  D  Y  I  Z  O  R  L  Z  F  N  H  F  C
H  K  G  E  G  B  L  A  C  K  K  B  W  V
P  U  R  P  L  E  E  E  P  G  R  R  S  R
F  U  E  E  D  L  Q  Y  T  L  W  O  Y  A
U  A  Y  W  M  O  O  Z  Q  E  H  W  I  U
C  R  I  M  S  O  N  W  N  I  I  N  M  Z
H  R  N  U  S  R  L  Q  G  A  T  C  A  X
S  Q  D  Y  H  A  V  F  Q  Y  E  Y  G  S
I  A  I  A  P  N  A  Z  U  R  E  A  E  J
A  N  G  V  H  G  R  E  E  N  Q  N  N  P
P  Y  O  J  P  E  U  H  A  Q  T  A  T  A
F  S  A  Z  L  Q  O  X  E  Q  L  E  A  N
```

AZURE	MAGENTA
BEIGE	ORANGE
BLUE	CRIMSON
BROWN	PINK
FUCHSIA	RED
YELLOW	BLACK
GREY	SEPIA
GREEN	VIOLET
INDIGO	WHITE
PURPLE	CYAN

90 - Haus

```
C B W P Z L R S H O W E R B
H R W A L L O N I L J D C F
I L G U P H O E Y F C N Y J
M I A F U J F E N C E A L C
N B R W I N D O W R I L B Y
E R D G A R A G E O L A M P
Y A E L T S E B F O I K K F
L R N F T K P P E M N V H V
R Y T I I G T B L D G N F C
F K I T C H E N R A R N U V
Q H J M I R R O R O C O L U
U O E D O O R Q P K O E O N
T K W K S A O H P C V M P M
F U R N I T U R E H W Q W K
```

BROOM	KITCHEN
LIBRARY	LAMP
ROOF	FURNITURE
ATTIC	BEDROOM
CEILING	CHIMNEY
SHOWER	MIRROR
WINDOW	DOOR
GARAGE	WALL
GARDEN	FENCE
FIREPLACE	ROOM

91 - Bauernhof #1

```
V F P S D V M W K O Y W H A
P E C I K G B L Q R T O N G
C R H D G V I G U I H K Y R
L T I Y I T D R Y B J M U I
C I C A L F E F Z S C A T C
R L K V U G I I H O R S E U
P I E K H O N E Y D O G F L
F Z N E R A T L Y M W J G T
R E E I I T Y D O N K E Y U
L R N E C Y Y I I B N C Y R
Z L X C E D J P H Q Y O L E
B E E M E L A N D H E M L W
W R O Z R Z L Y I P G R W G
T Z B N K N P C O W A T E R
```

BEE	CROW
FERTILIZER	COW
DONKEY	LAND
FIELD	AGRICULTURE
HAY	HORSE
HONEY	RICE
CHICKEN	PIG
DOG	WATER
CALF	FENCE
CAT	GOAT

92 - Berufe #1

```
M V A T T O R N E Y M P G P
M U S I C I A N B D E L E S
A R T I S T P C A O C U C Y
V X R I J G I O N C H M A C
I A O Y E E A A K T A B R H
Y F N Q W O N C E O N E T O
R C O G E L I H R R I R O L
V Y M Y L O S W D L C S G O
S V E T E G T H U N T E R G
G C R X R I Z D A U P J A I
A M B A S S A D O R N T P S
K O A F U T U N H S B U H T
D A N C E R T M G E J S E D
A C C O U N T A N T B S R M
```

DOCTOR	NURSE
ASTRONOMER	ARTIST
BANKER	MECHANIC
AMBASSADOR	MUSICIAN
ACCOUNTANT	PIANIST
GEOLOGIST	PSYCHOLOGIST
HUNTER	ATTORNEY
JEWELER	DANCER
CARTOGRAPHER	COACH
PLUMBER	

93 - Adjektive #1

```
M A B S O L U T E Y N I I D
G O B E A U T I F U L F N T
Y K D P D R F Z V C I S N L
D V Z E A R O M A T I C O F
T B I R R X O U L H D H C E
E W O F K N H L U I E O E D
A T B E M C G R A N N N N E
A R C C V J U N B O T E T E
J C T T S S X P L H I S Y P
Y S T I H U G E E D C T C S
C D X I S H E A V Y A D D C
M S S K V T M E M S L O W E
W X Y C H E I H A P P Y N D
E M A T T R A C T I V E U G
```

ABSOLUTE	SLOW
ACTIVE	MODERN
AROMATIC	PERFECT
ATTRACTIVE	HUGE
DARK	BEAUTIFUL
THIN	HEAVY
HONEST	DEEP
HAPPY	INNOCENT
IDENTICAL	VALUABLE
ARTISTIC	

94 - Mathematik

```
V D E C I M A L L K E L V P
A R I T H M E T I C G Q W A
S Q U A R E X P O N E N T R
Y R S U M R U I Z E O A J A
M Q A F D E K Z U F M N F L
M O W D P V T T V P E G P L
E P O T I W K E T A T L O E
T O U B R U J W R R R E L L
R A Q G L I S R C A Y S Y O
Y R R E C T A N G L E Y G G
V O L U M E M N G L E M O R
F R A C T I O N G E A P N A
E Q U A T I O N V L O Q Z M
C C I R C U M F E R E N C E
```

ARITHMETIC   POLYGON
FRACTION   SQUARE
DECIMAL   RADIUS
TRIANGLE   RECTANGLE
DIAMETER   SUM
EXPONENT   SYMMETRY
GEOMETRY   CIRCUMFERENCE
EQUATION   VOLUME
PARALLEL   ANGLES
PARALLELOGRAM

95 - Messungen

```
W  I  D  T  H  K  Z  X  X  C  X  W  D  D
V  W  E  V  O  L  U  M  E  A  N  E  T  S
L  T  P  Y  Y  N  V  G  A  R  O  I  A  D
Z  K  T  A  S  U  Z  N  M  S  J  G  K  L
G  O  H  G  R  A  M  E  K  Z  S  H  S  X
N  B  Y  T  E  H  F  R  B  O  V  T  J  B
Q  G  T  C  C  Z  Q  D  E  C  I  M  A  L
O  U  N  C  E  M  E  T  E  R  P  U  L  M
D  E  G  R  E  E  G  L  L  U  H  K  E  I
K  I  L  O  G  R  A  M  I  K  G  Z  N  N
H  E  I  G  H  T  Z  W  B  T  L  E  G  U
C  E  N  T  I  M  E  T  E  R  E  F  T  T
K  I  L  O  M  E  T  E  R  I  G  R  H  E
D  I  Q  I  N  C  H  U  C  Q  M  W  H  X
```

WIDTH	LITER
BYTE	MASS
DECIMAL	METER
WEIGHT	MINUTE
DEGREE	DEPTH
GRAM	TON
HEIGHT	OUNCE
KILOGRAM	VOLUME
KILOMETER	CENTIMETER
LENGTH	INCH

96 - Schlösser

```
B A W K N I G H T J C E Z R
P T A I Y K N O M P C D I M
C N L N F O R T R E S S K F
A N L G T C P W H A I Y C F
D Y Z D B C R Q T V H J A I
P Y B O R T I O O D O E T F
R A N M U R N S W O R D A E
I R L A T I C H E N S D P U
N M Y A S O E I R O E R U D
C O Y X C T D E F B M A L A
E R F C J E Y L F L P G T L
S F E T P R J D D E I O E B
S U N I C O R N K K R N T J
I K R L R E Z P I X E X X E
```

DRAGON

DYNASTY

NOBLE

UNICORN

FORTRESS

FEUDAL

CATAPULT

KINGDOM

CROWN

PALACE

HORSE

PRINCE

PRINCESS

EMPIRE

KNIGHT

ARMOR

SHIELD

SWORD

TOWER

WALL

97 - Bauernhof #2

```
N Y W M D W I N D M I L L B
B A R N I H B D L D R W S I
C I S N P L T U A F R U H C
T O F G Y B K C M X I V E V
R J R N N E K K B H G E P G
D R U N M E A D O W A G H O
Q N I T S H E E P H T E E R
J T T R P I L C M E I T R C
V T B A A V Z L F A O A D H
A U A C X E T G A T N B U A
G M R T P F Z Z R M Z L F R
H V L O R I P E M V A E T D
H W E R T X R L E A D A O X
D M Y I K P D S R K B Z M S
```

FARMER	MILK
IRRIGATION	ORCHARD
BEEHIVE	RIPE
DUCK	SHEEP
FRUIT	SHEPHERD
VEGETABLE	BARN
BARLEY	TRACTOR
LLAMA	WHEAT
LAMB	MEADOW
CORN	WINDMILL

98 - Berufe #2

```
P  H  I  L  O  S  O  P  H  E  R  C  O  P
R  H  I  L  L  U  S  T  R  A  T  O  R  H
O  E  Y  D  E  T  E  C  T  I  V  E  P  O
D  L  S  S  X  G  M  V  V  K  B  E  I  T
E  I  U  E  I  S  S  C  P  D  T  N  L  O
N  B  R  A  A  C  P  V  X  V  T  G  O  G
T  R  G  D  C  R  I  V  U  H  E  I  T  R
I  A  E  P  O  P  C  A  Q  O  A  N  O  A
S  R  O  B  T  A  R  H  N  G  C  E  F  P
T  I  N  I  Z  I  G  W  E  R  H  E  M  H
G  A  R  D  E  N  E  R  F  R  E  R  C  E
I  N  V  E  N  T  O  R  P  I  R  Z  V  R
U  Y  H  E  F  E  L  I  N  G  U  I  S  T
C  F  A  S  T  R  O  N  A  U  T  M  Q  K
```

PHYSICIAN   ILLUSTRATOR
ASTRONAUT   ENGINEER
LIBRARIAN   TEACHER
SURGEON   LINGUIST
DETECTIVE   PAINTER
INVENTOR   PHILOSOPHER
RESEARCHER   PILOT
PHOTOGRAPHER   DENTIST
GARDENER

99 - Erforschung

```
Z I H D E S T R A V E L H D
Y G N I X P H X Q U E S T E
J P W S H A A I Q N X R T T
Z E A C A C Z T Q K M E E E
E R L O U E A L X N W X R R
U I A V S B R A L O V C R M
C L N E T K D N E W T I A I
U O G R I W S I B N O T I N
L U U Y O S V M S A L E N A
T S A R N X V A D T E M W T
U Q G G A W I L D N A E I I
R O E G N G N S F W R N Q O
E Y J A R P E H G L N T T N
S A C T I V I T Y L Z P R H
```

ACTIVITY	TO LEARN
EXCITEMENT	COURAGE
DISCOVERY	NEW
DETERMINATION	SPACE
EXHAUSTION	TRAVEL
DISTANT	LANGUAGE
HAZARDS	QUEST
PERILOUS	ANIMALS
TERRAIN	UNKNOWN
CULTURES	WILD

100 - Wetter

```
M F K N G T O R N A D O G A
B O G G G L R E K D R W D T
R G N L R O X O O E Y L Z M
E Q T S T O R M P O L A R O
E L S F O N L V F I N T D S
Z I Y N L O Y M J M C C W P
E G J D Y W N E L Y U A E H
O H U R R I C A N E S A L E
I T X O M C L O U D T K N R
W N B U C H I E O I C E Y E
I I U G M M M T H U N D E R
N N R H A Y A R A I N B O W
D G I T J D T G M G H N J N
N C T E M P E R A T U R E K
```

ATMOSPHERE	FOG
LIGHTNING	POLAR
BREEZE	RAINBOW
THUNDER	STORM
DROUGHT	TEMPERATURE
ICE	TORNADO
SKY	DRY
HURRICANE	TROPICAL
CLIMATE	WIND
MONSOON	CLOUD

1 - Ozean

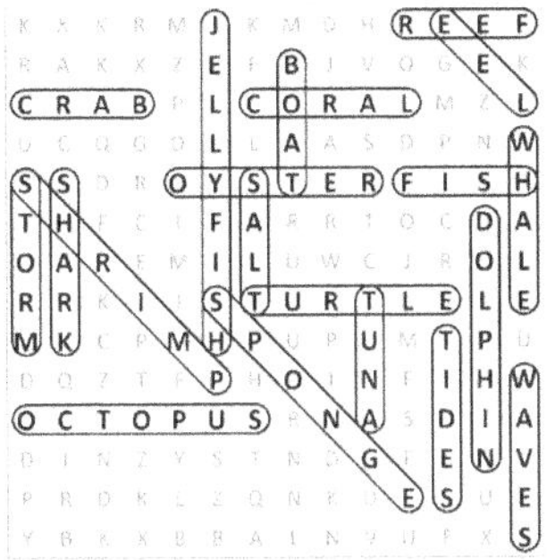

REEF · CRAB · CORAL · JELLY · OYSTER · FISH · SHARK · TURTLE · DOLPHIN · OCTOPUS · TIDES · WAVES

2 - Schule #1

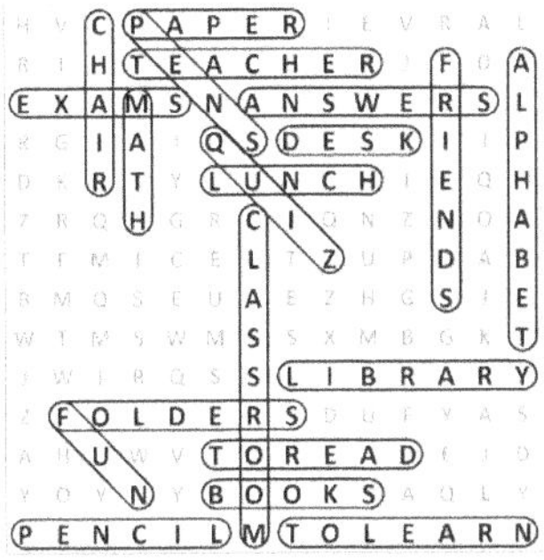

PAPER · TEACHER · EXAMS · ANSWERS · DESK · LUNCH · ALPHABET · FRIENDS · CLASS · LIBRARY · FOLDERS · TO READ · BOOKS · PENCIL · TO LEARN

3 - Meditation

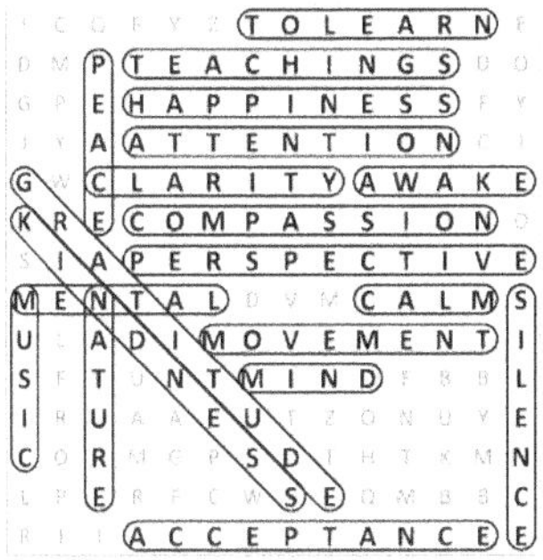

TO LEARN · TEACHINGS · HAPPINESS · ATTENTION · CLARITY · AWAKE · COMPASSION · PERSPECTIVE · MENTAL · CALM · MOVEMENT · MIND · SILENCE · ACCEPTANCE

4 - Meisterschaft

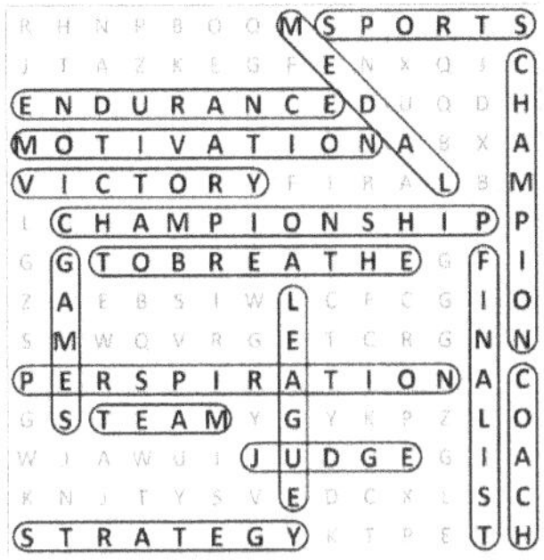

SPORTS · ENDURANCE · MOTIVATION · VICTORY · CHAMPIONSHIP · TO BREATHE · CHAMPION · COACH · FINALIST · PERSPIRATION · STEAM · JUDGE · STRATEGY

5 - Insekten

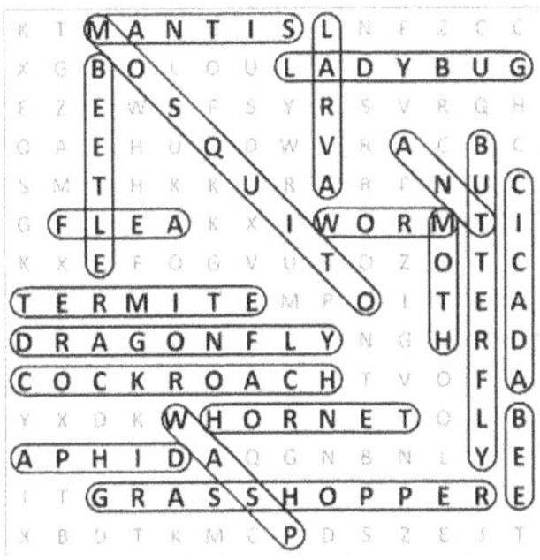

MANTIS · LADYBUG · BEETLE · ANT · WORM · FLEA · CICADA · TERMITE · MOTH · DRAGONFLY · COCKROACH · HORNET · FLY · APHID · GRASSHOPPER

6 - Dinosaurier

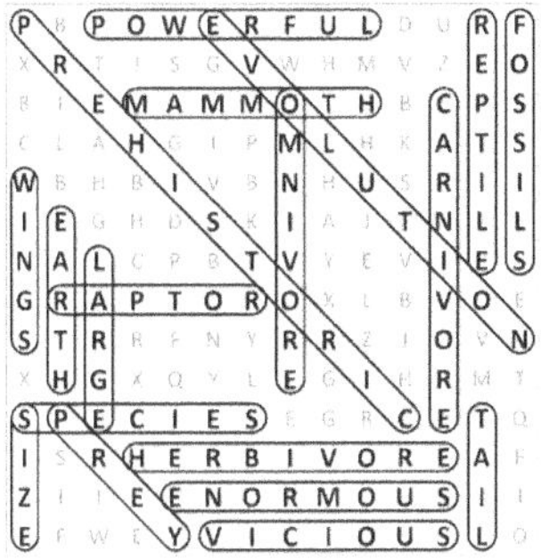

POWERFUL · REPTILE · MAMMOTH · CARNIVORE · WINGS · RAPTOR · SPECIES · HERBIVORE · ENORMOUS · VICIOUS · TAIL · FOSSILS

7 - Obst

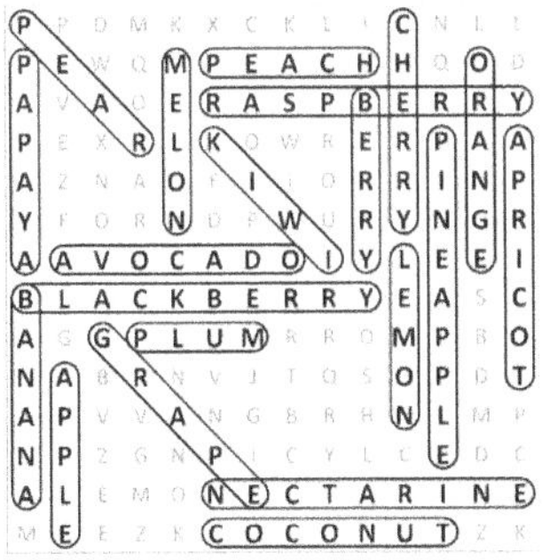

PEACH · RASPBERRY · MELON · CHERRY · ORANGE · PAPAYA · APRICOT · AVOCADO · LEMON · BLACKBERRY · PLUM · BANANA · APPLE · NECTARINE · COCONUT

8 - Schule #2

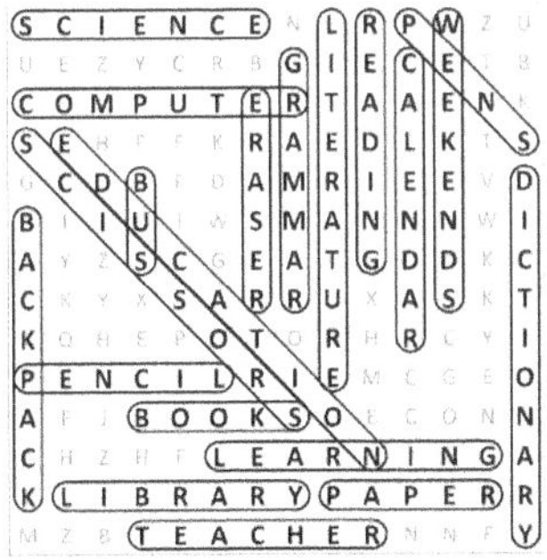

SCIENCE · COMPUTER · LIBRARY · READING · PAPER · DRAMA · TRUCK · DICTIONARY · BACKPACK · PENCIL · BOOKS · LEARNING · PAPER · TEACHER

9 - Spielzeuge

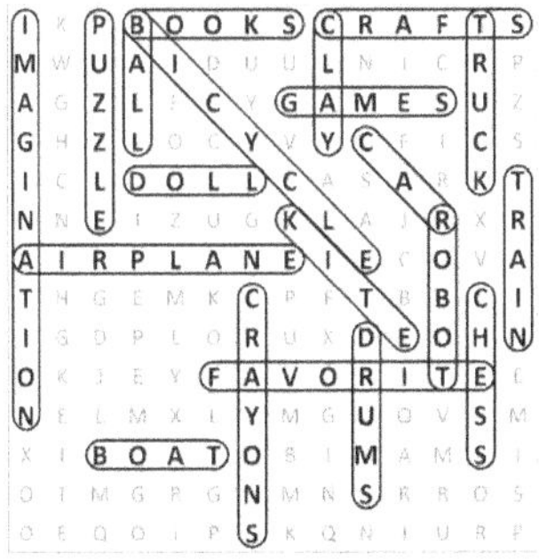

BOOKS · CRAFTS · PUZZLE · GAMES · TRUCK · DOLL · CLAY · AIRPLANE · IMAGINATION · FAVORITE · BOAT · TRAIN · DRUMS

10 - Komödie

HUMOR · ACTRESS · PARODY · CLOWNS · TELEVISION · CLEVER · GENRE · IMPROVISATION · JOKES · FUN

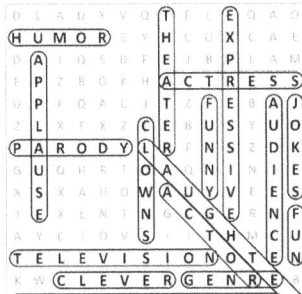

11 - Camping

MOUNTAIN · LANTERN · ADVENTURE · FIRE · NATURE · ANIMALS · INSECT · HAMMOCK · MAP · ROPE · TENT · FOREST

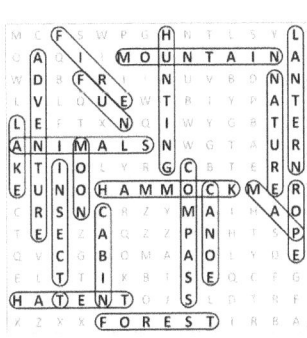

12 - Zeit

DECADE · MORNING · MONTH · MINUTE · HOUR · DAY · CENTURY · FUTURE · YEAR · WEEK · NIGHT · YESTERDAY · CALENDAR

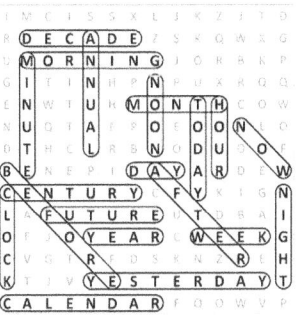

13 - Säugetiere

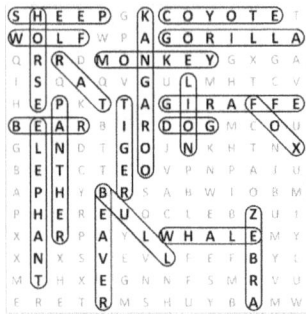

14 - Astronomie

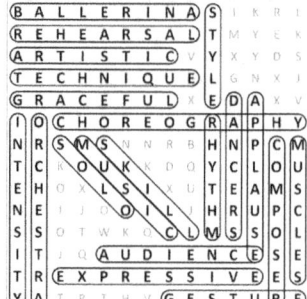

15 - Ballett

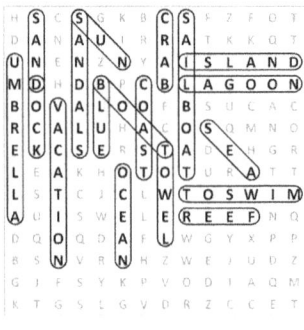

16 - Strand

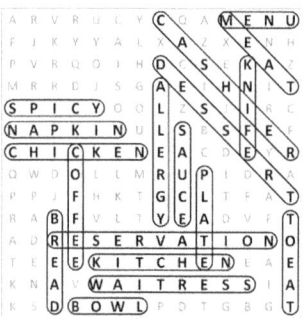

17 - Restaurant #1

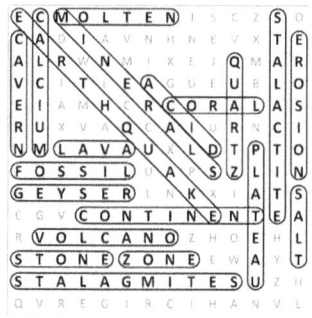

18 - Geologie

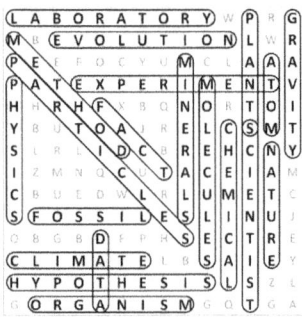

19 - Wissenschaft

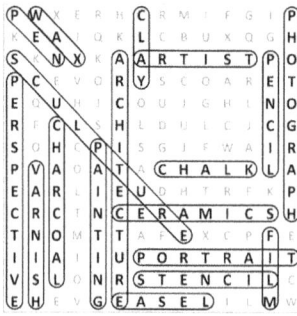

20 - Bildende Kunst

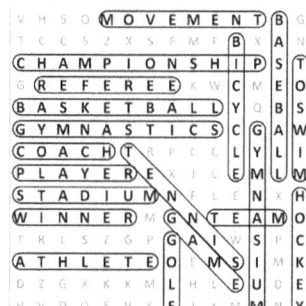

21 - Sport

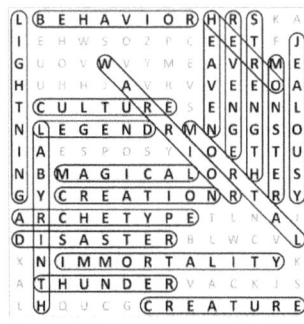

22 - Mythologie

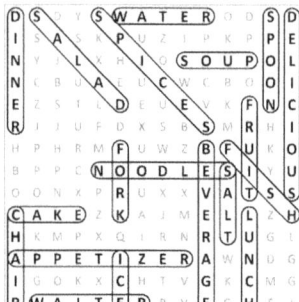

23 - Restaurant #2

24 - Ökologie

25 - Schokolade

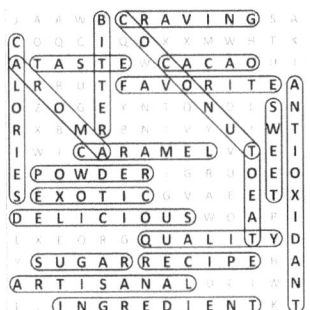

26 - Boote

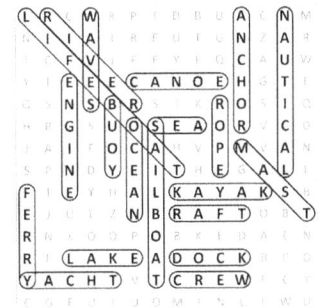

27 - Stadt

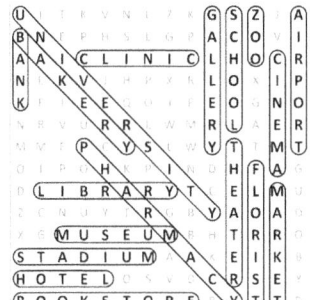

28 - Aktivitäten

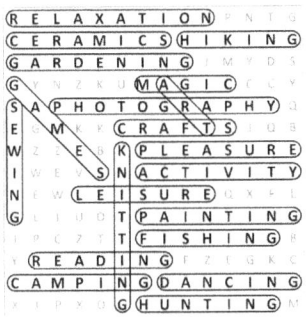

29 - Bienen

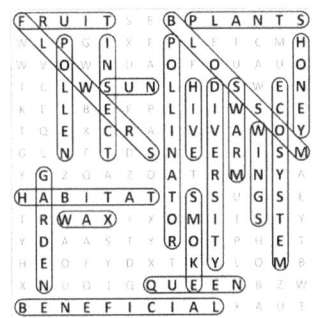

30 - Wissenschaftliche

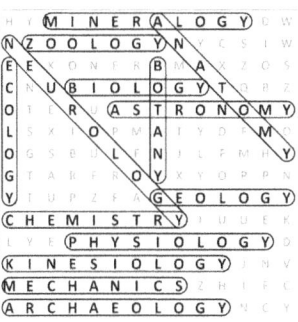

31 - Vögel

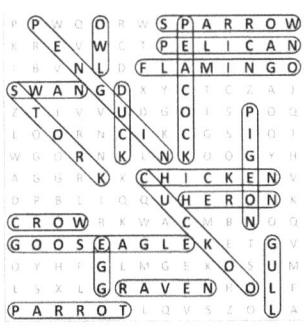

32 - Garten

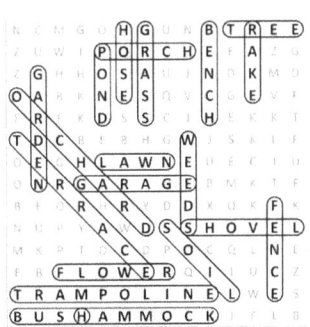

33 - Antarktis

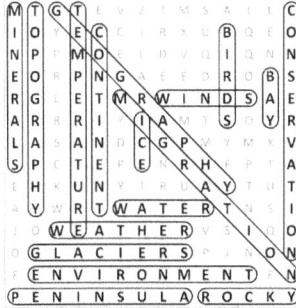

34 - Fahren

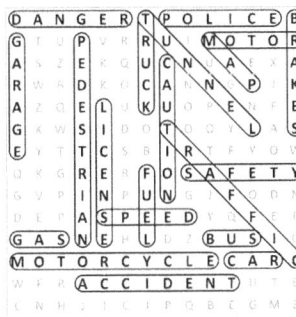

35 - Bücher

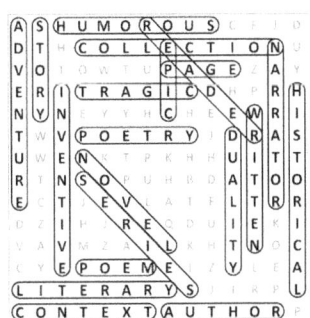

36 - Menschlicher Körper

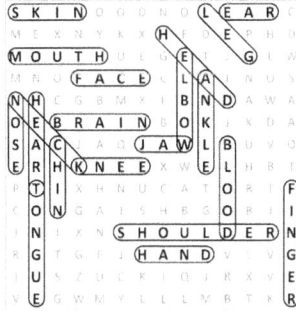

37 - Klettern

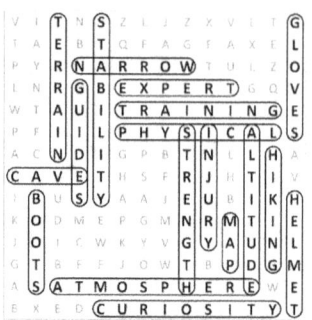

38 - Landschaften

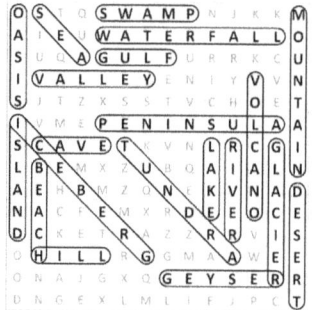

39 - Abenteuer

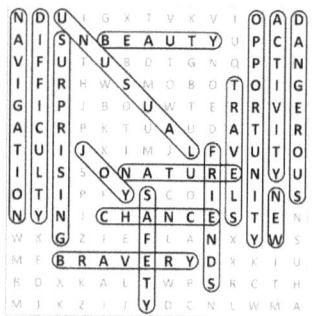

40 - Flugzeuge

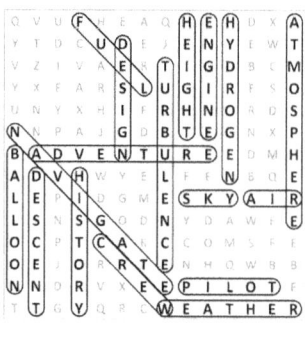

41 - Haartypen

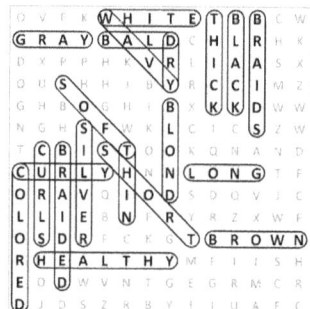

42 - Essen #1

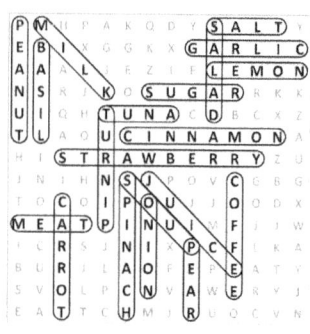

43 - Gebäude

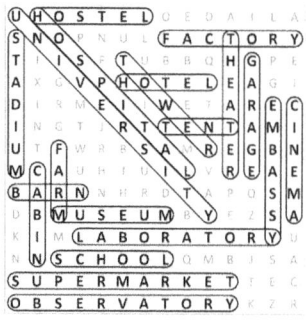

44 - Angeln

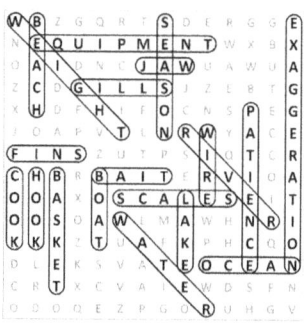

45 - Regenwald

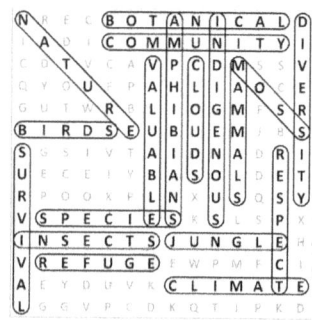

46 - Essen #2

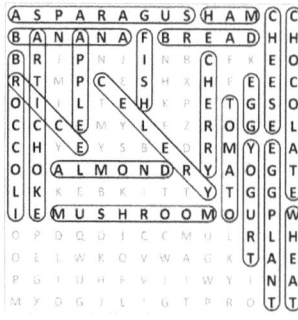

47 - Familie

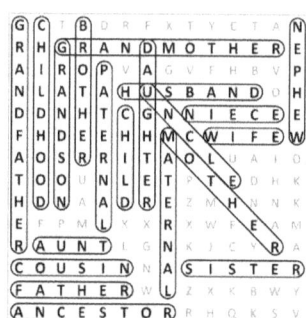

48 - Pflanzen

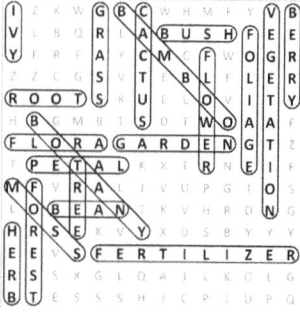

49 - Kunst

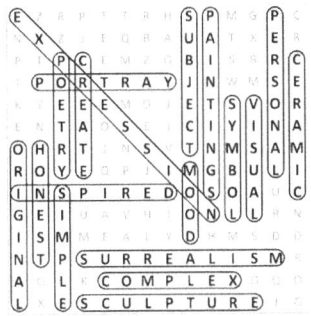

50 - Gewürze

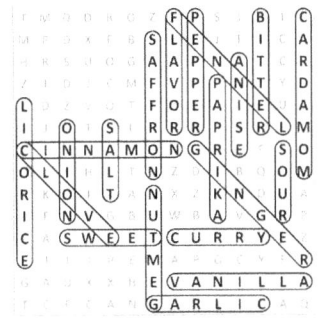

51 - Gemüse

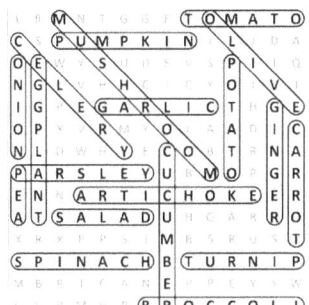

52 - Katzen

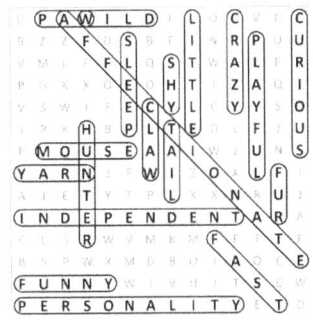

53 - Tanzen

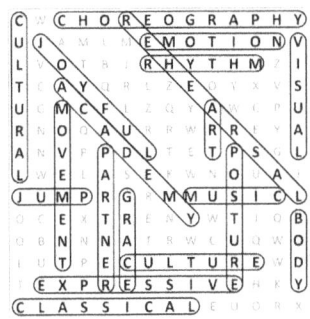

54 - Ernährung

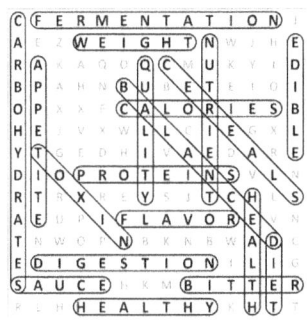

55 - Technologie

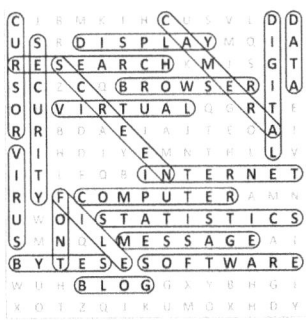

56 - Wasser

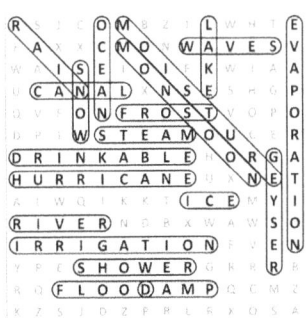

57 - Science Fiction

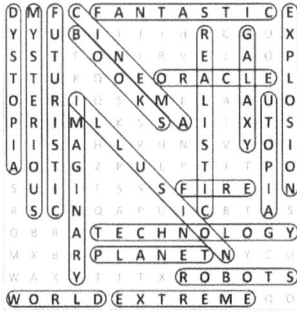

58 - Haustiere

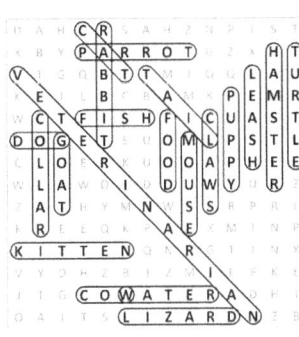

59 - Geburtstag

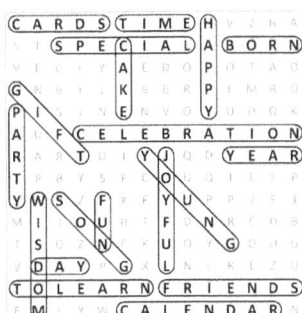

60 - Literatur

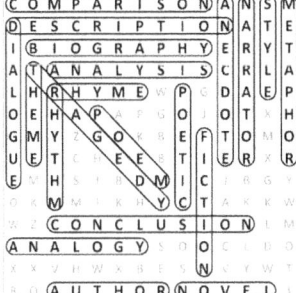

61 - Wandern

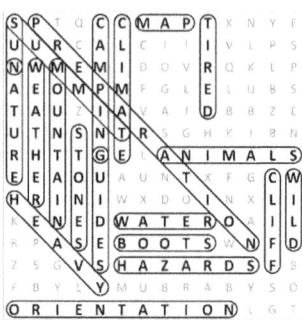

62 - Länder #2

63 - Fahrzeuge

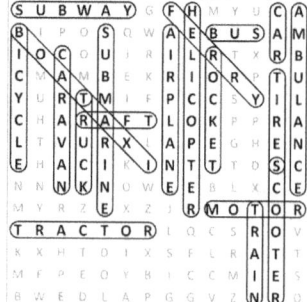

64 - Musikinstrumente

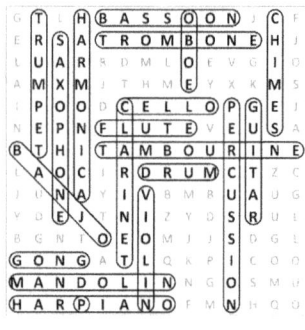

65 - Blumen

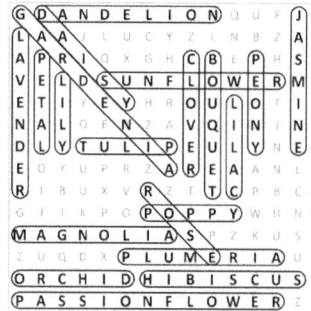

66 - Natur

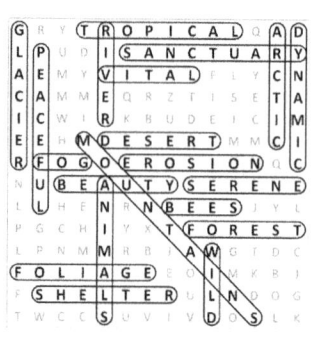

67 - Urlaub #2

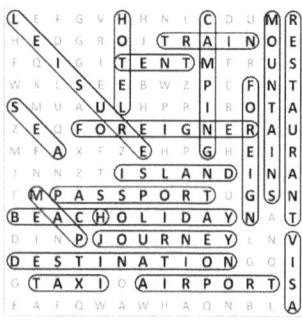

68 - Zirkus

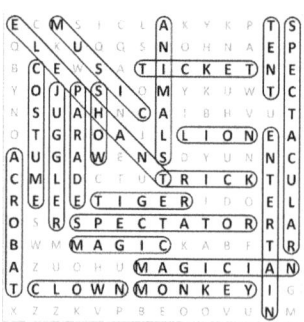

69 - Barbecues

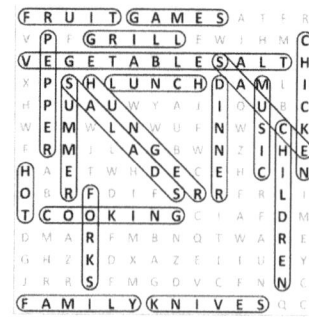

70 - Küche

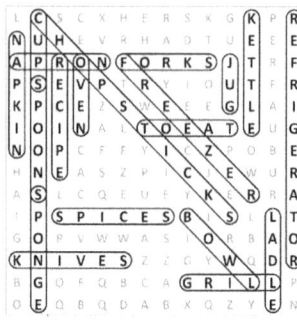

71 - Schach

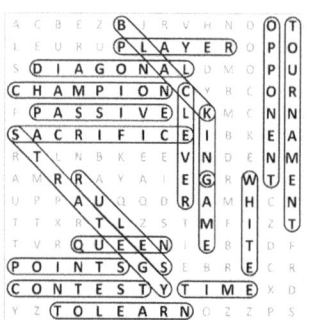

72 - Erhaltung

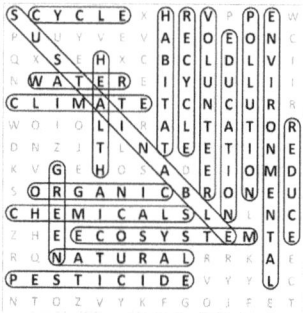

73 - Geographie

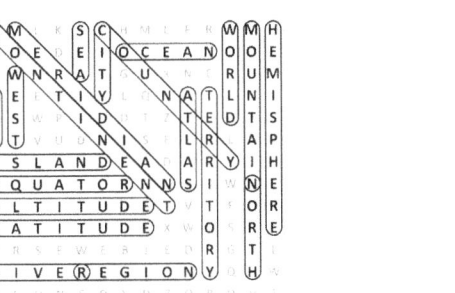

74 - Zahlen

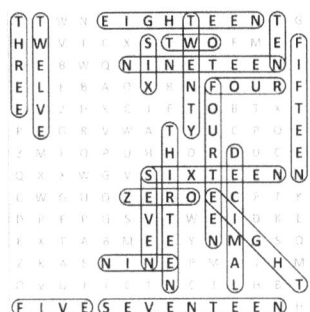

75 - Kunst Liefert

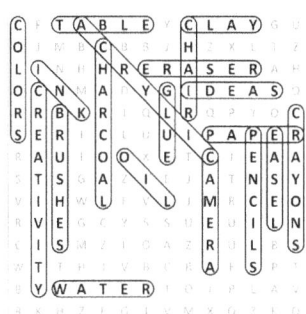

76 - Tage und Monate

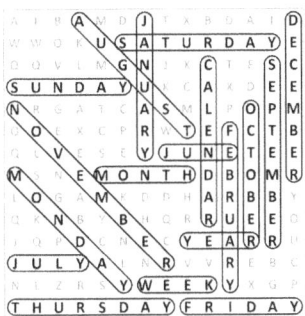

77 - Piraten

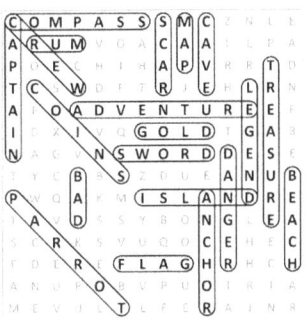

78 - Emotionen

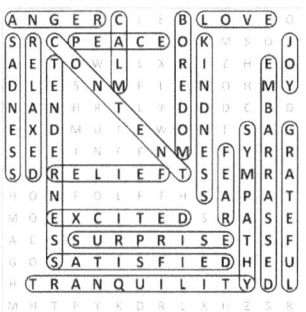

79 - Zu Füllen

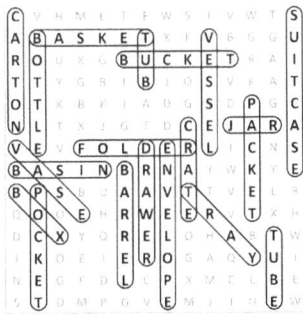

80 - Surfen

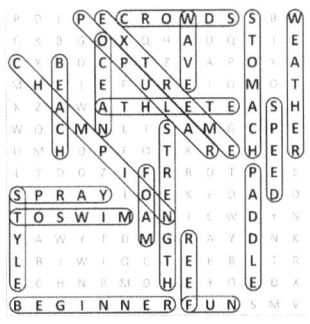

81 - Möbel

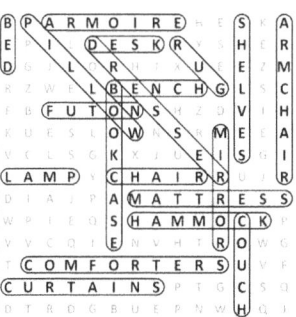

82 - Kräuterkunde

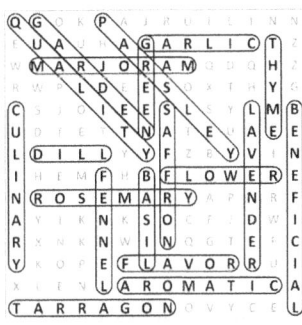

83 - Tugenden #1

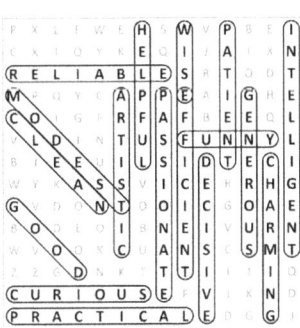

84 - Aktivitäten und Freizeit

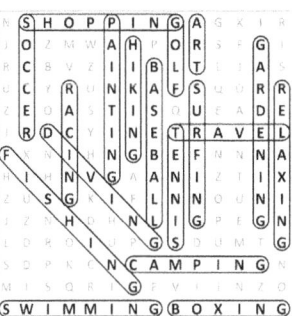

85 - Formen

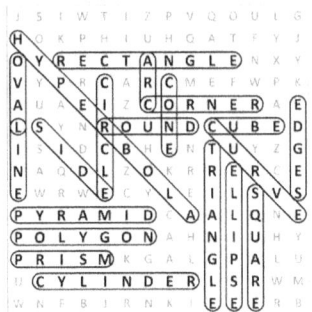

86 - Adjektive #2

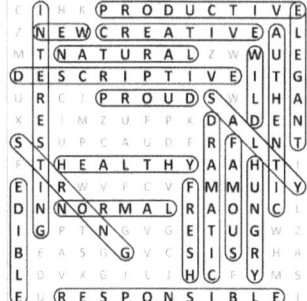

87 - Kleidung

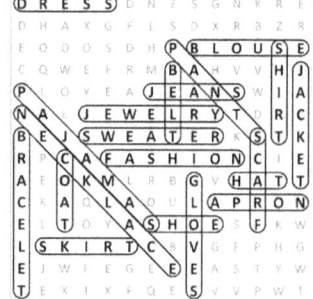

88 - Sommer

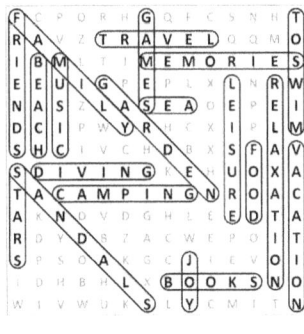

89 - Farben

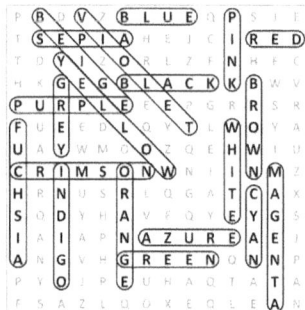

90 - Haus

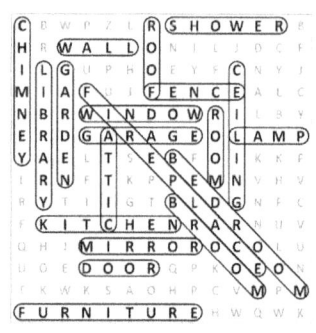

91 - Bauernhof #1

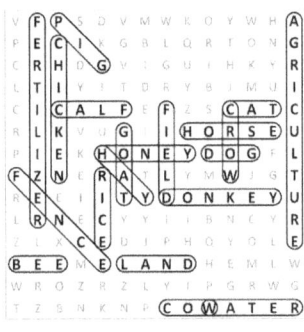

92 - Berufe #1

93 - Adjektive #1

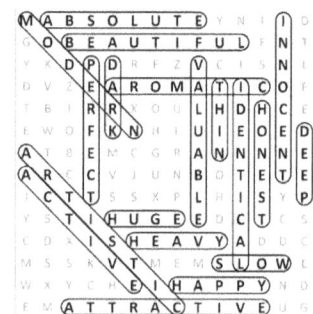

94 - Mathematik

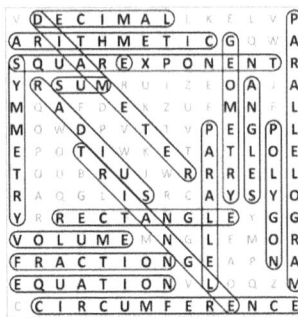

95 - Messungen

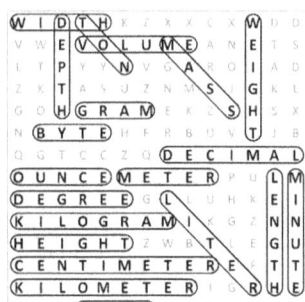

96 - Schlösser

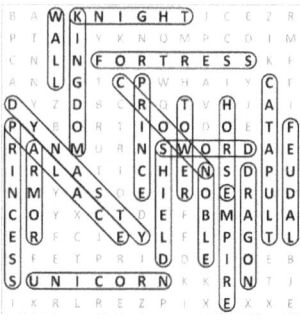

97 - Bauernhof #2

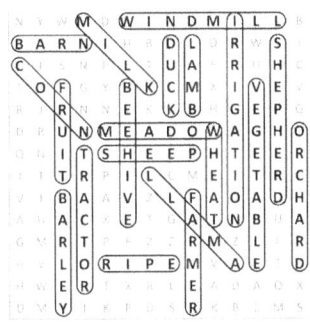

98 - Berufe #2

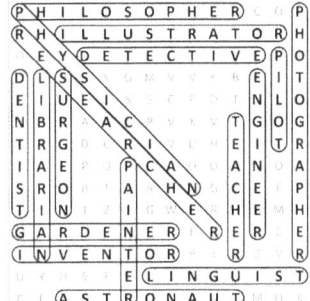

99 - Erforschung

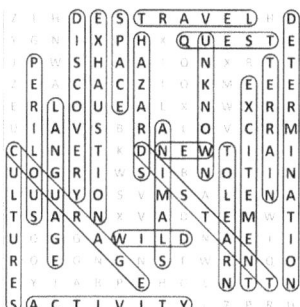

100 - Wetter

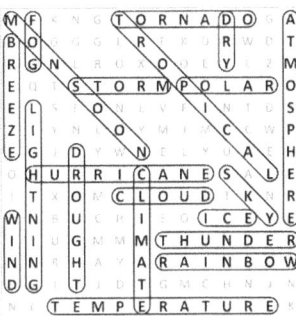

Wörterbuch

Abenteuer
Adventure

Aktivität	Activity
Ausflug	Excursion
Chance	Chance
Freude	Joy
Freunde	Friends
Gefährlich	Dangerous
Gelegenheit	Opportunity
Natur	Nature
Navigation	Navigation
Neu	New
Reisen	Travels
Route	Itinerary
Schönheit	Beauty
Schwierigkeit	Difficulty
Sicherheit	Safety
Tapferkeit	Bravery
Ungewöhnlich	Unusual
Überraschend	Surprising
Vorbereitung	Preparation
Ziel	Destination

Adjektive #1
Adjectives #1

Absolut	Absolute
Aktiv	Active
Aromatisch	Aromatic
Attraktiv	Attractive
Dunkel	Dark
Dünn	Thin
Ehrlich	Honest
Glücklich	Happy
Identisch	Identical
Künstlerisch	Artistic
Langsam	Slow
Modern	Modern
Perfekt	Perfect
Riesig	Huge
Schön	Beautiful
Schwer	Heavy
Tief	Deep
Unschuldig	Innocent
Wertvoll	Valuable
Wichtig	Important

Adjektive #2
Adjectives #2

Authentisch	Authentic
Berühmt	Famous
Beschreibend	Descriptive
Dramatisch	Dramatic
Elegant	Elegant
Essbar	Edible
Frisch	Fresh
Gesund	Healthy
Hungrig	Hungry
Interessant	Interesting
Kreativ	Creative
Natürlich	Natural
Neu	New
Normal	Normal
Produktiv	Productive
Salzig	Salty
Stark	Strong
Stolz	Proud
Verantwortlich	Responsible
Wild	Wild

Aktivitäten
Activities

Aktivität	Activity
Angeln	Fishing
Camping	Camping
Entspannung	Relaxation
Fotografie	Photography
Freizeit	Leisure
Gartenarbeit	Gardening
Gemälde	Painting
Jagd	Hunting
Keramik	Ceramics
Kunst	Art
Kunsthandwerk	Crafts
Lesen	Reading
Magie	Magic
Nähen	Sewing
Spiele	Games
Stricken	Knitting
Tanzen	Dancing
Vergnügen	Pleasure
Wandern	Hiking

Aktivitäten und Freizeit
Activities and Leisure

Angeln	Fishing
Baseball	Baseball
Basketball	Basketball
Boxen	Boxing
Camping	Camping
Einkaufen	Shopping
Entspannend	Relaxing
Fussball	Soccer
Gartenarbeit	Gardening
Gemälde	Painting
Golf	Golf
Kunst	Art
Reise	Travel
Rennen	Racing
Schwimmen	Swimming
Surfen	Surfing
Tauchen	Diving
Tennis	Tennis
Volleyball	Volleyball
Wandern	Hiking

Angeln
Fishing

Ausrüstung	Equipment
Boot	Boat
Draht	Wire
Flossen	Fins
Fluss	River
Geduld	Patience
Gewicht	Weight
Haken	Hook
Jahreszeit	Season
Kiefer	Jaw
Kiemen	Gills
Kochen	Cook
Korb	Basket
Köder	Bait
Ozean	Ocean
See	Lake
Strand	Beach
Übertreibung	Exaggeration
Waage	Scales
Wasser	Water

Antarktis
Antarctica

Bucht	Bay
Eis	Ice
Erhaltung	Conservation
Expedition	Expedition
Felsig	Rocky
Forscher	Researcher
Geographie	Geography
Gletscher	Glaciers
Halbinsel	Peninsula
Kontinent	Continent
Migration	Migration
Mineralien	Minerals
Temperatur	Temperature
Topographie	Topography
Umwelt	Environment
Vögel	Birds
Wasser	Water
Wetter	Weather
Wind	Winds
Wissenschaftlich	Scientific

Astronomie
Astronomy

Asteroid	Asteroid
Astronaut	Astronaut
Astronom	Astronomer
Erde	Earth
Himmel	Sky
Komet	Comet
Konstellation	Constellation
Kosmos	Cosmos
Meteor	Meteor
Mond	Moon
Nebel	Nebula
Observatorium	Observatory
Planet	Planet
Rakete	Rocket
Satellit	Satellite
Stern	Star
Supernova	Supernova
Teleskop	Telescope
Tierkreis	Zodiac
Universum	Universe

Ballett
Ballet

Anmutig	Graceful
Applaus	Applause
Ausdrucksvoll	Expressive
Ballerina	Ballerina
Choreographie	Choreography
Fähigkeit	Skill
Geste	Gesture
Intensität	Intensity
Komponist	Composer
Künstlerisch	Artistic
Musik	Music
Muskel	Muscles
Orchester	Orchestra
Probe	Rehearsal
Publikum	Audience
Rhythmus	Rhythm
Solo	Solo
Stil	Style
Tänzer	Dancers
Technik	Technique

Barbecues
Barbecues

Abendessen	Dinner
Familie	Family
Frucht	Fruit
Gabeln	Forks
Gemüse	Vegetables
Grill	Grill
Heiss	Hot
Huhn	Chicken
Hunger	Hunger
Kinder	Children
Kochen	Cooking
Messer	Knives
Mittagessen	Lunch
Musik	Music
Pfeffer	Pepper
Salate	Salads
Salz	Salt
Sommer	Summer
Sosse	Sauce
Spiele	Games

Bauernhof #1
Farm #1

Biene	Bee
Dünger	Fertilizer
Esel	Donkey
Feld	Field
Heu	Hay
Honig	Honey
Huhn	Chicken
Hund	Dog
Kalb	Calf
Katze	Cat
Krähe	Crow
Kuh	Cow
Land	Land
Landwirtschaft	Agriculture
Pferd	Horse
Reis	Rice
Schwein	Pig
Wasser	Water
Zaun	Fence
Ziege	Goat

Bauernhof #2
Farm #2

Bauer	Farmer
Bewässerung	Irrigation
Bienenstock	Beehive
Ente	Duck
Frucht	Fruit
Gemüse	Vegetable
Gerste	Barley
Lama	Llama
Lamm	Lamb
Mais	Corn
Milch	Milk
Obstgarten	Orchard
Reif	Ripe
Schaf	Sheep
Schäfer	Shepherd
Scheune	Barn
Traktor	Tractor
Weizen	Wheat
Wiese	Meadow
Windmühle	Windmill

Berufe #1
Professions #1

Arzt	Doctor
Astronom	Astronomer
Bankier	Banker
Botschafter	Ambassador
Buchhalter	Accountant
Geologe	Geologist
Jäger	Hunter
Juwelier	Jeweler
Kartograph	Cartographer
Klempner	Plumber
Krankenschwester	Nurse
Künstler	Artist
Mechaniker	Mechanic
Musiker	Musician
Pianist	Pianist
Psychologe	Psychologist
Rechtsanwalt	Attorney
Tänzer	Dancer
Tierarzt	Veterinarian
Trainer	Coach

Berufe #2
Professions #2

Arzt	Physician
Astronaut	Astronaut
Bibliothekar	Librarian
Biologe	Biologist
Chirurg	Surgeon
Detektiv	Detective
Erfinder	Inventor
Forscher	Researcher
Fotograf	Photographer
Gärtner	Gardener
Illustrator	Illustrator
Ingenieur	Engineer
Journalist	Journalist
Lehrer	Teacher
Linguist	Linguist
Maler	Painter
Philosoph	Philosopher
Pilot	Pilot
Zahnarzt	Dentist
Zoologe	Zoologist

Bienen
Bees

Bestäuber	Pollinator
Bienenkorb	Hive
Blumen	Flowers
Blüte	Blossom
Flügel	Wings
Frucht	Fruit
Garten	Garden
Honig	Honey
Insekt	Insect
Königin	Queen
Lebensraum	Habitat
Ökosystem	Ecosystem
Pflanzen	Plants
Pollen	Pollen
Rauch	Smoke
Schwarm	Swarm
Sonne	Sun
Vielfalt	Diversity
Vorteilhaft	Beneficial
Wachs	Wax

Bildende Kunst
Visual Arts

Architektur	Architecture
Bleistift	Pencil
Film	Film
Foto	Photograph
Gemälde	Painting
Holzkohle	Charcoal
Keramik	Ceramics
Kreativität	Creativity
Kreide	Chalk
Künstler	Artist
Lack	Varnish
Meisterwerk	Masterpiece
Perspektive	Perspective
Porträt	Portrait
Schablone	Stencil
Skulptur	Sculpture
Staffelei	Easel
Stift	Pen
Ton	Clay
Wachs	Wax

Blumen
Flowers

Blütenblatt	Petal
Gardenie	Gardenia
Gänseblümchen	Daisy
Hibiskus	Hibiscus
Jasmin	Jasmine
Klee	Clover
Lavendel	Lavender
Lila	Lilac
Lilie	Lily
Löwenzahn	Dandelion
Magnolie	Magnolia
Mohn	Poppy
Orchidee	Orchid
Passionsblume	Passionflower
Pfingstrose	Peony
Plumeria	Plumeria
Rose	Rose
Sonnenblume	Sunflower
Strauss	Bouquet
Tulpe	Tulip

Boote
Boats

Anker	Anchor
Boje	Buoy
Crew	Crew
Dock	Dock
Fähre	Ferry
Floss	Raft
Fluss	River
Kajak	Kayak
Kanu	Canoe
Mast	Mast
Meer	Sea
Motor	Engine
Nautisch	Nautical
Ozean	Ocean
Rettungsboot	Lifeboat
See	Lake
Segelboot	Sailboat
Seil	Rope
Wellen	Waves
Yacht	Yacht

Bücher
Books

Abenteuer	Adventure
Autor	Author
Dualität	Duality
Episch	Epic
Erfinderisch	Inventive
Erzähler	Narrator
Gedicht	Poem
Geschichte	Story
Geschrieben	Written
Historisch	Historical
Humorvoll	Humorous
Kollektion	Collection
Kontext	Context
Leser	Reader
Literarisch	Literary
Poesie	Poetry
Roman	Novel
Seite	Page
Serie	Series
Tragisch	Tragic

Camping
Camping

Abenteuer	Adventure
Berg	Mountain
Feuer	Fire
Hängematte	Hammock
Hut	Hat
Insekt	Insect
Jagd	Hunting
Kabine	Cabin
Kanu	Canoe
Karte	Map
Kompass	Compass
Laterne	Lantern
Mond	Moon
Natur	Nature
See	Lake
Seil	Rope
Spass	Fun
Tiere	Animals
Wald	Forest
Zelt	Tent

Dinosaurier
Dinosaurs

Allesfresser	Omnivore
Art	Species
Beute	Prey
Bösartig	Vicious
Enorm	Enormous
Erde	Earth
Evolution	Evolution
Fleischfresser	Carnivore
Flügel	Wings
Fossilien	Fossils
Gross	Large
Grösse	Size
Leistungsstark	Powerful
Mammut	Mammoth
Pflanzenfresser	Herbivore
Prähistorisch	Prehistoric
Raubvogel	Raptor
Reptil	Reptile
Schwanz	Tail
Verschwinden	Disappearance

Emotionen
Emotions

Angst	Fear
Aufgeregt	Excited
Beschämt	Embarrassed
Dankbar	Grateful
Entspannt	Relaxed
Freude	Joy
Freundlichkeit	Kindness
Frieden	Peace
Inhalt	Content
Langeweile	Boredom
Liebe	Love
Relief	Relief
Ruhe	Tranquility
Ruhig	Calm
Sympathie	Sympathy
Traurigkeit	Sadness
Überraschen	Surprise
Wut	Anger
Zärtlichkeit	Tenderness
Zufrieden	Satisfied

Erforschung
Exploration

Aktivität	Activity
Aufregung	Excitement
Entdeckung	Discovery
Entschlossenheit	Determination
Erschöpfung	Exhaustion
Fern	Distant
Gefahren	Hazards
Gefährlich	Perilous
Gelände	Terrain
Kulturen	Cultures
Lernen	To Learn
Mut	Courage
Neu	New
Raum	Space
Reise	Travel
Sprache	Language
Suche	Quest
Tiere	Animals
Unbekannt	Unknown
Wild	Wild

Erhaltung
Conservation

Bildung	Education
Chemikalien	Chemicals
Freiwillige	Volunteer
Gesundheit	Health
Grün	Green
Klima	Climate
Lebensraum	Habitat
Nachhaltig	Sustainable
Natürlich	Natural
Organisch	Organic
Ökosystem	Ecosystem
Pestizid	Pesticide
Recyceln	Recycle
Reduzieren	Reduce
Umwelt	Environmental
Verschmutzung	Pollution
Wasser	Water
Zyklus	Cycle

Ernährung
Nutrition

Appetit	Appetite
Ausgewogen	Balanced
Bitter	Bitter
Diät	Diet
Essbar	Edible
Fermentation	Fermentation
Geschmack	Flavor
Gesund	Healthy
Gesundheit	Health
Getreide	Cereals
Gewicht	Weight
Kalorien	Calories
Kohlenhydrate	Carbohydrates
Nährstoff	Nutrient
Proteine	Proteins
Qualität	Quality
Sosse	Sauce
Toxin	Toxin
Verdauung	Digestion
Vitamin	Vitamin

Essen #1
Food #1

Basilikum	Basil
Birne	Pear
Erdbeere	Strawberry
Erdnuss	Peanut
Fleisch	Meat
Kaffee	Coffee
Karotte	Carrot
Knoblauch	Garlic
Milch	Milk
Rübe	Turnip
Saft	Juice
Salat	Salad
Salz	Salt
Spinat	Spinach
Suppe	Soup
Thunfisch	Tuna
Zimt	Cinnamon
Zitrone	Lemon
Zucker	Sugar
Zwiebel	Onion

Essen #2
Food #2

Apfel	Apple
Artischocke	Artichoke
Aubergine	Eggplant
Banane	Banana
Brokkoli	Broccoli
Brot	Bread
Ei	Egg
Fisch	Fish
Joghurt	Yogurt
Käse	Cheese
Kirsche	Cherry
Mandel	Almond
Pilz	Mushroom
Reis	Rice
Schinken	Ham
Schokolade	Chocolate
Sellerie	Celery
Spargel	Asparagus
Tomate	Tomato
Weizen	Wheat

Fahren
Driving

Auto	Car
Bremsen	Brakes
Brennstoff	Fuel
Bus	Bus
Fussgänger	Pedestrian
Garage	Garage
Gas	Gas
Gefahr	Danger
Geschwindigkeit	Speed
Karte	Map
Lizenz	License
Lkw	Truck
Motor	Motor
Motorrad	Motorcycle
Polizei	Police
Sicherheit	Safety
Tunnel	Tunnel
Unfall	Accident
Verkehr	Traffic
Vorsicht	Caution

Fahrzeuge
Vehicles

Auto	Car
Boot	Boat
Bus	Bus
Fahrrad	Bicycle
Fähre	Ferry
Floss	Raft
Flugzeug	Airplane
Hubschrauber	Helicopter
Krankenwagen	Ambulance
Lkw	Truck
Motor	Motor
Rakete	Rocket
Reifen	Tires
Roller	Scooter
Taxi	Taxi
Traktor	Tractor
U-Bahn	Subway
U-Boot	Submarine
Wohnwagen	Caravan
Zug	Train

Familie
Family

Bruder	Brother
Ehefrau	Wife
Ehemann	Husband
Enkel	Grandson
Grossmutter	Grandmother
Grossvater	Grandfather
Kind	Child
Kindheit	Childhood
Mutter	Mother
Mütterlich	Maternal
Neffe	Nephew
Nichte	Niece
Onkel	Uncle
Schwester	Sister
Tante	Aunt
Tochter	Daughter
Vater	Father
Väterlich	Paternal
Vetter	Cousin
Vorfahr	Ancestor

Farben
Colors

Azurblau	Azure
Beige	Beige
Blau	Blue
Braun	Brown
Fuchsie	Fuchsia
Gelb	Yellow
Grau	Grey
Grün	Green
Indigo	Indigo
Lila	Purple
Magenta	Magenta
Orange	Orange
Purpur	Crimson
Rosa	Pink
Rot	Red
Schwarz	Black
Sepia	Sepia
Violett	Violet
Weiss	White
Zyan	Cyan

Flugzeuge
Airplanes

Abenteuer	Adventure
Abstieg	Descent
Atmosphäre	Atmosphere
Ballon	Balloon
Brennstoff	Fuel
Crew	Crew
Design	Design
Geschichte	History
Himmel	Sky
Höhe	Height
Konstruktion	Construction
Luft	Air
Motor	Engine
Navigieren	Navigate
Passagier	Passenger
Pilot	Pilot
Propeller	Propellers
Turbulenz	Turbulence
Wasserstoff	Hydrogen
Wetter	Weather

Formen
Shapes

Bogen	Arc
Dreieck	Triangle
Ecke	Corner
Ellipse	Ellipse
Hyperbel	Hyperbola
Kanten	Edges
Kegel	Cone
Kreis	Circle
Kurve	Curve
Linie	Line
Oval	Oval
Polygon	Polygon
Prisma	Prism
Pyramide	Pyramid
Quadrat	Square
Rechteck	Rectangle
Rund	Round
Seite	Side
Würfel	Cube
Zylinder	Cylinder

Garten
Garden

Bank	Bench
Baum	Tree
Blume	Flower
Boden	Soil
Busch	Bush
Garage	Garage
Garten	Garden
Gras	Grass
Hängematte	Hammock
Obstgarten	Orchard
Rasen	Lawn
Rechen	Rake
Schaufel	Shovel
Schlauch	Hose
Teich	Pond
Terrasse	Terrace
Trampolin	Trampoline
Unkraut	Weeds
Veranda	Porch
Zaun	Fence

Gebäude
Buildings

Bauernhof	Farm
Botschaft	Embassy
Fabrik	Factory
Garage	Garage
Herberge	Hostel
Hotel	Hotel
Kabine	Cabin
Kino	Cinema
Krankenhaus	Hospital
Labor	Laboratory
Museum	Museum
Observatorium	Observatory
Scheune	Barn
Schule	School
Stadion	Stadium
Supermarkt	Supermarket
Theater	Theater
Turm	Tower
Universität	University
Zelt	Tent

Geburtstag
Birthday

Einladungen	Invitations
Feier	Celebration
Freudig	Joyful
Freunde	Friends
Geboren	Born
Geschenk	Gift
Glücklich	Happy
Jahr	Year
Jung	Young
Kalender	Calendar
Karten	Cards
Kuchen	Cake
Lernen	To Learn
Lied	Song
Partei	Party
Spass	Fun
Spezial	Special
Tag	Day
Weisheit	Wisdom
Zeit	Time

Gemüse
Vegetables

Artischocke	Artichoke
Aubergine	Eggplant
Blumenkohl	Cauliflower
Brokkoli	Broccoli
Erbse	Pea
Gurke	Cucumber
Ingwer	Ginger
Karotte	Carrot
Kartoffel	Potato
Knoblauch	Garlic
Kürbis	Pumpkin
Olive	Olive
Petersilie	Parsley
Pilz	Mushroom
Rübe	Turnip
Salat	Salad
Sellerie	Celery
Spinat	Spinach
Tomate	Tomato
Zwiebel	Onion

Geographie
Geography

Atlas	Atlas
Äquator	Equator
Berg	Mountain
Breite	Latitude
Fluss	River
Gebiet	Territory
Hemisphäre	Hemisphere
Höhe	Altitude
Insel	Island
Karte	Map
Kontinent	Continent
Land	Country
Meer	Sea
Meridian	Meridian
Norden	North
Ozean	Ocean
Region	Region
Stadt	City
Welt	World
West	West

Geologie
Geology

Erdbeben	Earthquake
Erosion	Erosion
Fossil	Fossil
Geschmolzen	Molten
Geysir	Geyser
Höhle	Cavern
Kalzium	Calcium
Kontinent	Continent
Koralle	Coral
Lava	Lava
Mineralien	Minerals
Plateau	Plateau
Quarz	Quartz
Salz	Salt
Säure	Acid
Stalagmiten	Stalagmites
Stalaktit	Stalactite
Stein	Stone
Vulkan	Volcano
Zone	Zone

Gewürze
Spices

Anis	Anise
Bitter	Bitter
Curry	Curry
Fenchel	Fennel
Geschmack	Flavor
Ingwer	Ginger
Kardamom	Cardamom
Knoblauch	Garlic
Lakritze	Licorice
Muskatnuss	Nutmeg
Nelke	Clove
Paprika	Paprika
Pfeffer	Pepper
Safran	Saffron
Salz	Salt
Sauer	Sour
Süss	Sweet
Vanille	Vanilla
Zimt	Cinnamon
Zwiebel	Onion

Haartypen
Hair Types

Blond	Blond
Braun	Brown
Dick	Thick
Dünn	Thin
Farbig	Colored
Geflochten	Braided
Gesund	Healthy
Grau	Gray
Kahl	Bald
Kurz	Short
Lang	Long
Locken	Curls
Lockig	Curly
Schwarz	Black
Silber	Silver
Trocken	Dry
Weich	Soft
Weiss	White
Wellig	Wavy
Zöpfe	Braids

Haus
House

Besen	Broom
Bibliothek	Library
Dach	Roof
Dachboden	Attic
Decke	Ceiling
Dusche	Shower
Fenster	Window
Garage	Garage
Garten	Garden
Kamin	Fireplace
Küche	Kitchen
Lampe	Lamp
Möbel	Furniture
Schlafzimmer	Bedroom
Schornstein	Chimney
Spiegel	Mirror
Tür	Door
Wand	Wall
Zaun	Fence
Zimmer	Room

Haustiere
Pets

Eidechse	Lizard
Essen	Food
Fisch	Fish
Hamster	Hamster
Hase	Rabbit
Hund	Dog
Katze	Cat
Kätzchen	Kitten
Kragen	Collar
Krallen	Claws
Kuh	Cow
Leine	Leash
Maus	Mouse
Papagei	Parrot
Schildkröte	Turtle
Schwanz	Tail
Tierarzt	Veterinarian
Wasser	Water
Welpe	Puppy
Ziege	Goat

Insekten
Insects

Ameise	Ant
Biene	Bee
Blattlaus	Aphid
Floh	Flea
Gottesanbeterin	Mantis
Heuschrecke	Grasshopper
Hornisse	Hornet
Kakerlake	Cockroach
Käfer	Beetle
Larve	Larva
Libelle	Dragonfly
Marienkäfer	Ladybug
Motte	Moth
Mücke	Mosquito
Schmetterling	Butterfly
Termite	Termite
Wespe	Wasp
Wurm	Worm
Zikade	Cicada

Katzen
Cats

Fell	Fur
Garn	Yarn
Jäger	Hunter
Komisch	Funny
Kralle	Claw
Liebevoll	Affectionate
Maus	Mouse
Neugierig	Curious
Persönlichkeit	Personality
Pfote	Paw
Schlafen	Sleep
Schnell	Fast
Schüchtern	Shy
Schwanz	Tail
Unabhängig	Independent
Verrückt	Crazy
Verspielt	Playful
Wenig	Little
Wild	Wild

Kleidung
Clothes

Armband	Bracelet
Bluse	Blouse
Gürtel	Belt
Halskette	Necklace
Handschuhe	Gloves
Hemd	Shirt
Hose	Pants
Hut	Hat
Jacke	Jacket
Jeans	Jeans
Kleid	Dress
Mantel	Coat
Mode	Fashion
Pullover	Sweater
Rock	Skirt
Schal	Scarf
Schlafanzug	Pajamas
Schmuck	Jewelry
Schuh	Shoe
Schürze	Apron

Klettern
Climbing

Atmosphäre	Atmosphere
Ausbildung	Training
Experte	Expert
Führer	Guides
Gelände	Terrain
Handschuhe	Gloves
Helm	Helmet
Höhe	Altitude
Höhle	Cave
Karte	Map
Neugier	Curiosity
Physisch	Physical
Schmal	Narrow
Stabilität	Stability
Stärke	Strength
Stiefel	Boots
Verletzung	Injury
Wandern	Hiking

Komödie
Comedy

Applaus	Applause
Ausdrucksvoll	Expressive
Clowns	Clowns
Fernsehen	Television
Genre	Genre
Humor	Humor
Improvisation	Improvisation
Klug	Clever
Komisch	Funny
Lachen	Laughter
Parodie	Parody
Publikum	Audience
Schauspieler	Actor
Schauspielerin	Actress
Spass	Fun
Theater	Theater
Witze	Jokes

Kräuterkunde
Herbalism

Aromatisch	Aromatic
Basilikum	Basil
Blume	Flower
Dill	Dill
Estragon	Tarragon
Fenchel	Fennel
Garten	Garden
Geschmack	Flavor
Grün	Green
Knoblauch	Garlic
Kulinarisch	Culinary
Lavendel	Lavender
Majoran	Marjoram
Petersilie	Parsley
Qualität	Quality
Rosmarin	Rosemary
Safran	Saffron
Thymian	Thyme
Vorteilhaft	Beneficial
Zutat	Ingredient

Kunst
Art

Ausdruck	Expression
Ehrlich	Honest
Einfach	Simple
Gegenstand	Subject
Gemälde	Paintings
Inspiriert	Inspired
Keramik	Ceramic
Komplex	Complex
Original	Original
Persönlich	Personal
Poesie	Poetry
Porträtieren	Portray
Schaffen	Create
Skulptur	Sculpture
Stimmung	Mood
Surrealismus	Surrealism
Symbol	Symbol
Visuell	Visual
Zusammensetzung	Composition

Kunst Liefert
Art Supplies

Acryl	Acrylic
Bleistifte	Pencils
Buntstifte	Crayons
Bürsten	Brushes
Farben	Colors
Holzkohle	Charcoal
Ideen	Ideas
Kamera	Camera
Kreativität	Creativity
Leim	Glue
Öl	Oil
Papier	Paper
Radiergummi	Eraser
Staffelei	Easel
Stuhl	Chair
Tabelle	Table
Tinte	Ink
Ton	Clay
Wasser	Water

Küche
Kitchen

Essen	To Eat
Essstäbchen	Chopsticks
Gabeln	Forks
Gefrierschrank	Freezer
Gewürze	Spices
Grill	Grill
Kelle	Ladle
Krug	Jug
Kühlschrank	Refrigerator
Löffel	Spoons
Messer	Knives
Ofen	Oven
Rezept	Recipe
Schürze	Apron
Schüssel	Bowl
Schwamm	Sponge
Serviette	Napkin
Tassen	Cups
Wasserkocher	Kettle

Landschaften
Landscapes

Berg	Mountain
Eisberg	Iceberg
Fluss	River
Geysir	Geyser
Gletscher	Glacier
Golf	Gulf
Halbinsel	Peninsula
Höhle	Cave
Hügel	Hill
Insel	Island
Meer	Sea
Oase	Oasis
See	Lake
Strand	Beach
Sumpf	Swamp
Tal	Valley
Tundra	Tundra
Vulkan	Volcano
Wasserfall	Waterfall
Wüste	Desert

Länder #2
Countries #2

Albanien	Albania
Äthiopien	Ethiopia
Frankreich	France
Griechenland	Greece
Haiti	Haiti
Irland	Ireland
Jamaika	Jamaica
Japan	Japan
Kenia	Kenya
Laos	Laos
Liberia	Liberia
Mexiko	Mexico
Nepal	Nepal
Nigeria	Nigeria
Pakistan	Pakistan
Russland	Russia
Sudan	Sudan
Syrien	Syria
Uganda	Uganda
Ukraine	Ukraine

Literatur
Literature

Analogie	Analogy
Analyse	Analysis
Anekdote	Anecdote
Autor	Author
Beschreibung	Description
Biographie	Biography
Dialog	Dialogue
Erzähler	Narrator
Fiktion	Fiction
Gedicht	Poem
Metapher	Metaphor
Poetisch	Poetic
Reim	Rhyme
Rhythmus	Rhythm
Roman	Novel
Schlussfolgerung	Conclusion
Stil	Style
Thema	Theme
Tragödie	Tragedy
Vergleich	Comparison

Mathematik
Math

Arithmetik	Arithmetic
Bruchteil	Fraction
Dezimal	Decimal
Dreieck	Triangle
Durchmesser	Diameter
Exponent	Exponent
Geometrie	Geometry
Gleichung	Equation
Parallel	Parallel
Parallelogramm	Parallelogram
Polygon	Polygon
Quadrat	Square
Radius	Radius
Rechteck	Rectangle
Senkrecht	Perpendicular
Summe	Sum
Symmetrie	Symmetry
Umfang	Circumference
Volumen	Volume
Winkel	Angles

Meditation
Meditation

Annahme	Acceptance
Aufmerksamkeit	Attention
Bewegung	Movement
Dankbarkeit	Gratitude
Freundlichkeit	Kindness
Frieden	Peace
Gedanken	Thoughts
Geistig	Mental
Glück	Happiness
Klarheit	Clarity
Lehre	Teachings
Lernen	To Learn
Mitgefühl	Compassion
Musik	Music
Natur	Nature
Perspektive	Perspective
Ruhig	Calm
Stille	Silence
Verstand	Mind
Wach	Awake

Meisterschaft
Championship

Atmen	To Breathe
Ausdauer	Endurance
Champion	Champion
Finalist	Finalist
Liga	League
Mannschaft	Team
Medaille	Medal
Meisterschaft	Championship
Motivation	Motivation
Performance	Performance
Richter	Judge
Schweiss	Perspiration
Sieg	Victory
Spiele	Games
Sport	Sports
Strategie	Strategy
Trainer	Coach
Turnier	Tournament

Menschlicher Körper
Human Body

Bein	Leg
Blut	Blood
Ellbogen	Elbow
Finger	Finger
Gehirn	Brain
Gesicht	Face
Hals	Neck
Hand	Hand
Haut	Skin
Herz	Heart
Kiefer	Jaw
Kinn	Chin
Knie	Knee
Knöchel	Ankle
Kopf	Head
Mund	Mouth
Nase	Nose
Ohr	Ear
Schulter	Shoulder
Zunge	Tongue

Messungen
Measurements

Breite	Width
Byte	Byte
Dezimal	Decimal
Gewicht	Weight
Grad	Degree
Gramm	Gram
Höhe	Height
Kilogramm	Kilogram
Kilometer	Kilometer
Länge	Length
Liter	Liter
Masse	Mass
Meter	Meter
Minute	Minute
Tiefe	Depth
Tonne	Ton
Unze	Ounce
Volumen	Volume
Zentimeter	Centimeter
Zoll	Inch

Möbel
Furniture

Bank	Bench
Bett	Bed
Bettdecke	Comforters
Bücherregal	Bookcase
Couch	Couch
Futon	Futon
Hängematte	Hammock
Kissen	Pillow
Kommode	Dresser
Lampe	Lamp
Matratze	Mattress
Regal	Shelves
Schrank	Armoire
Schreibtisch	Desk
Sessel	Armchair
Spiegel	Mirror
Stuhl	Chair
Teppich	Rug
Vorhang	Curtains

Musikinstrumente
Musical Instruments

Banjo	Banjo
Cello	Cello
Fagott	Bassoon
Flöte	Flute
Geige	Violin
Gitarre	Guitar
Glockenspiel	Chimes
Gong	Gong
Harfe	Harp
Klarinette	Clarinet
Klavier	Piano
Mandoline	Mandolin
Mundharmonika	Harmonica
Oboe	Oboe
Posaune	Trombone
Saxophon	Saxophone
Schlagzeug	Percussion
Tamburin	Tambourine
Trommel	Drum
Trompete	Trumpet

Mythologie
Mythology

Archetyp	Archetype
Blitz	Lightning
Donner	Thunder
Eifersucht	Jealousy
Held	Hero
Himmel	Heaven
Katastrophe	Disaster
Kreation	Creation
Kreatur	Creature
Krieger	Warrior
Kultur	Culture
Labyrinth	Labyrinth
Legende	Legend
Magisch	Magical
Monster	Monster
Rache	Revenge
Stärke	Strength
Sterblich	Mortal
Unsterblichkeit	Immortality
Verhalten	Behavior

Natur
Nature

Arktis	Arctic
Berge	Mountains
Bienen	Bees
Dynamisch	Dynamic
Erosion	Erosion
Fluss	River
Friedlich	Peaceful
Gletscher	Glacier
Heiligtum	Sanctuary
Heiter	Serene
Laub	Foliage
Lebenswichtig	Vital
Nebel	Fog
Schönheit	Beauty
Schutz	Shelter
Tiere	Animals
Tropisch	Tropical
Wald	Forest
Wild	Wild
Wüste	Desert

Obst
Fruit

Ananas	Pineapple
Apfel	Apple
Aprikose	Apricot
Avocado	Avocado
Banane	Banana
Beere	Berry
Birne	Pear
Brombeere	Blackberry
Himbeere	Raspberry
Kirsche	Cherry
Kiwi	Kiwi
Kokosnuss	Coconut
Melone	Melon
Nektarine	Nectarine
Orange	Orange
Papaya	Papaya
Pfirsich	Peach
Pflaume	Plum
Traube	Grape
Zitrone	Lemon

Ozean
Ocean

Aal	Eel
Auster	Oyster
Boot	Boat
Delfin	Dolphin
Fisch	Fish
Garnele	Shrimp
Gezeiten	Tides
Hai	Shark
Koralle	Coral
Krabbe	Crab
Krake	Octopus
Qualle	Jellyfish
Riff	Reef
Salz	Salt
Schildkröte	Turtle
Schwamm	Sponge
Sturm	Storm
Thunfisch	Tuna
Wal	Whale
Wellen	Waves

Ökologie
Ecology

Art	Species
Berge	Mountains
Dürre	Drought
Fauna	Fauna
Flora	Flora
Freiwillige	Volunteers
Gemeinschaft	Communities
Global	Global
Klima	Climate
Lebensraum	Habitat
Marine	Marine
Nachhaltig	Sustainable
Natur	Nature
Natürlich	Natural
Pflanzen	Plants
Ressourcen	Resources
Sumpf	Marsh
Überleben	Survival
Vegetation	Vegetation
Vielfalt	Diversity

Pflanzen
Plants

Bambus	Bamboo
Baum	Tree
Beere	Berry
Blume	Flower
Blütenblatt	Petal
Bohne	Bean
Botanik	Botany
Busch	Bush
Dünger	Fertilizer
Efeu	Ivy
Flora	Flora
Garten	Garden
Gras	Grass
Kaktus	Cactus
Kraut	Herb
Laub	Foliage
Moos	Moss
Vegetation	Vegetation
Wald	Forest
Wurzel	Root

Piraten
Pirates

Abenteuer	Adventure
Anker	Anchor
Crew	Crew
Flagge	Flag
Gefahr	Danger
Gold	Gold
Höhle	Cave
Insel	Island
Kapitän	Captain
Karte	Map
Kompass	Compass
Legende	Legend
Münzen	Coins
Narbe	Scar
Papagei	Parrot
Rum	Rum
Schatz	Treasure
Schlecht	Bad
Schwert	Sword
Strand	Beach

Regenwald
Rainforest

Amphibien	Amphibians
Art	Species
Botanisch	Botanical
Dschungel	Jungle
Einheimisch	Indigenous
Gemeinschaft	Community
Insekten	Insects
Klima	Climate
Moos	Moss
Natur	Nature
Respekt	Respect
Säugetiere	Mammals
Überleben	Survival
Vielfalt	Diversity
Vögel	Birds
Wertvoll	Valuable
Wolken	Clouds
Zuflucht	Refuge

Restaurant #1
Restaurant #1

Allergie	Allergy
Brot	Bread
Dessert	Dessert
Essen	To Eat
Fleisch	Meat
Huhn	Chicken
Kaffee	Coffee
Kassierer	Cashier
Kellnerin	Waitress
Küche	Kitchen
Menü	Menu
Messer	Knife
Reservierung	Reservation
Schüssel	Bowl
Serviette	Napkin
Sosse	Sauce
Teller	Plate
Würzig	Spicy

Restaurant #2
Restaurant #2

Abendessen	Dinner
Eis	Ice
Fisch	Fish
Frucht	Fruit
Gabel	Fork
Gemüse	Vegetables
Getränk	Beverage
Gewürze	Spices
Kellner	Waiter
Köstlich	Delicious
Kuchen	Cake
Löffel	Spoon
Mittagessen	Lunch
Nudeln	Noodles
Salat	Salad
Salz	Salt
Stuhl	Chair
Suppe	Soup
Vorspeise	Appetizer
Wasser	Water

Säugetiere
Mammals

Affe	Monkey
Bär	Bear
Biber	Beaver
Elefant	Elephant
Fuchs	Fox
Giraffe	Giraffe
Gorilla	Gorilla
Hund	Dog
Känguru	Kangaroo
Kojote	Coyote
Löwe	Lion
Panther	Panther
Pferd	Horse
Ratte	Rat
Schaf	Sheep
Stier	Bull
Tiger	Tiger
Wal	Whale
Wolf	Wolf
Zebra	Zebra

Schach
Chess

Champion	Champion
Diagonal	Diagonal
Gegner	Opponent
Klug	Clever
König	King
Königin	Queen
Lernen	To Learn
Opfer	Sacrifice
Passiv	Passive
Punkte	Points
Regeln	Rules
Schwarz	Black
Spiel	Game
Spieler	Player
Strategie	Strategy
Turnier	Tournament
Weiss	White
Wettbewerb	Contest
Zeit	Time

Schlösser
Castles

Drache	Dragon
Dynastie	Dynasty
Edel	Noble
Einhorn	Unicorn
Festung	Fortress
Feudal	Feudal
Katapult	Catapult
Königreich	Kingdom
Krone	Crown
Palast	Palace
Pferd	Horse
Prinz	Prince
Prinzessin	Princess
Reich	Empire
Ritter	Knight
Rüstung	Armor
Schild	Shield
Schwert	Sword
Turm	Tower
Wand	Wall

Schokolade
Chocolate

Antioxidans	Antioxidant
Aroma	Aroma
Bitter	Bitter
Essen	To Eat
Exotisch	Exotic
Favorit	Favorite
Geschmack	Taste
Handwerklich	Artisanal
Kakao	Cacao
Kalorien	Calories
Karamell	Caramel
Kokosnuss	Coconut
Köstlich	Delicious
Pulver	Powder
Qualität	Quality
Rezept	Recipe
Süss	Sweet
Verlangen	Craving
Zucker	Sugar
Zutat	Ingredient

Schule #1
School #1

Alphabet	Alphabet
Antworten	Answers
Bibliothek	Library
Bleistift	Pencil
Bücher	Books
Freunde	Friends
Klassenzimmer	Classroom
Lehrer	Teacher
Lernen	To Learn
Lesen	To Read
Mathematik	Math
Mittagessen	Lunch
Ordner	Folders
Papier	Paper
Prüfungen	Exams
Quiz	Quiz
Schreibtisch	Desk
Spass	Fun
Stifte	Pens
Stuhl	Chair

Schule #2
School #2

Bibliothek	Library
Bildung	Education
Bleistift	Pencil
Bus	Bus
Bücher	Books
Computer	Computer
Grammatik	Grammar
Kalender	Calendar
Lehrer	Teacher
Lernen	Learning
Lesen	Reading
Literatur	Literature
Papier	Paper
Radiergummi	Eraser
Rucksack	Backpack
Schere	Scissors
Stifte	Pens
Wissenschaft	Science
Wochenende	Weekends
Wörterbuch	Dictionary

Science Fiction
Science Fiction

Bücher	Books
Dystopie	Dystopia
Explosion	Explosion
Extrem	Extreme
Fantastisch	Fantastic
Feuer	Fire
Futuristisch	Futuristic
Galaxie	Galaxy
Geheimnisvoll	Mysterious
Illusion	Illusion
Imaginär	Imaginary
Kino	Cinema
Orakel	Oracle
Planet	Planet
Realistisch	Realistic
Roboter	Robots
Szenario	Scenario
Technologie	Technology
Utopie	Utopia
Welt	World

Sommer
Summer

Bücher	Books
Camping	Camping
Entspannung	Relaxation
Erinnerungen	Memories
Essen	Food
Familie	Family
Freizeit	Leisure
Freude	Joy
Freunde	Friends
Garten	Garden
Meer	Sea
Musik	Music
Reise	Travel
Sandalen	Sandals
Schwimmen	To Swim
Spiele	Games
Sterne	Stars
Strand	Beach
Tauchen	Diving
Urlaub	Vacation

Spielzeuge
Toys

Auto	Car
Ball	Ball
Boot	Boat
Buntstifte	Crayons
Bücher	Books
Drachen	Kite
Fahrrad	Bicycle
Favorit	Favorite
Flugzeug	Airplane
Kunsthandwerk	Crafts
Lkw	Truck
Phantasie	Imagination
Puppe	Doll
Puzzle	Puzzle
Roboter	Robot
Schach	Chess
Schlagzeug	Drums
Spiele	Games
Ton	Clay
Zug	Train

Sport
Sports

Athlet	Athlete
Baseball	Baseball
Basketball	Basketball
Bewegung	Movement
Eishockey	Hockey
Fahrrad	Bicycle
Gewinner	Winner
Golf	Golf
Gymnasium	Gymnasium
Gymnastik	Gymnastics
Mannschaft	Team
Meisterschaft	Championship
Schiedsrichter	Referee
Schwimmen	To Swim
Spiel	Game
Spieler	Player
Stadion	Stadium
Tennis	Tennis
Trainer	Coach

Stadt
Town

Apotheke	Pharmacy
Bank	Bank
Bäckerei	Bakery
Bibliothek	Library
Blumenhändler	Florist
Buchhandlung	Bookstore
Flughafen	Airport
Galerie	Gallery
Hotel	Hotel
Kino	Cinema
Klinik	Clinic
Markt	Market
Museum	Museum
Restaurant	Restaurant
Schule	School
Stadion	Stadium
Supermarkt	Supermarket
Theater	Theater
Universität	University
Zoo	Zoo

Strand
Beach

Blau	Blue
Boot	Boat
Dock	Dock
Handtuch	Towel
Insel	Island
Krabbe	Crab
Küste	Coast
Lagune	Lagoon
Meer	Sea
Ozean	Ocean
Regenschirm	Umbrella
Riff	Reef
Sand	Sand
Sandalen	Sandals
Schwimmen	To Swim
Segelboot	Sailboat
Sonne	Sun
Urlaub	Vacation

Surfen
Surfing

Anfänger	Beginner
Athlet	Athlete
Beliebt	Popular
Champion	Champion
Extrem	Extreme
Geschwindigkeit	Speed
Magen	Stomach
Mengen	Crowds
Ozean	Ocean
Paddel	Paddle
Riff	Reef
Schaum	Foam
Schwimmen	To Swim
Spass	Fun
Spray	Spray
Stärke	Strength
Stil	Style
Strand	Beach
Welle	Wave
Wetter	Weather

Tage und Monate
Days and Months

August	August
Dezember	December
Dienstag	Tuesday
Donnerstag	Thursday
Februar	February
Freitag	Friday
Jahr	Year
Januar	January
Juli	July
Juni	June
Kalender	Calendar
Mittwoch	Wednesday
Monat	Month
Montag	Monday
November	November
Oktober	October
Samstag	Saturday
September	September
Sonntag	Sunday
Woche	Week

Tanzen
Dance

Akademie	Academy
Anmut	Grace
Ausdrucksvoll	Expressive
Bewegung	Movement
Choreographie	Choreography
Emotion	Emotion
Freudig	Joyful
Haltung	Posture
Klassisch	Classical
Körper	Body
Kultur	Culture
Kulturell	Cultural
Kunst	Art
Musik	Music
Partner	Partner
Probe	Rehearsal
Rhythmus	Rhythm
Springen	Jump
Traditionell	Traditional
Visuell	Visual

Technologie
Technology

Anzeige	Display
Bildschirm	Screen
Blog	Blog
Browser	Browser
Bytes	Bytes
Computer	Computer
Cursor	Cursor
Datei	File
Daten	Data
Digital	Digital
Forschung	Research
Internet	Internet
Kamera	Camera
Nachricht	Message
Schriftart	Font
Sicherheit	Security
Software	Software
Statistik	Statistics
Virtuell	Virtual
Virus	Virus

Tugenden #1
Virtues #1

Bescheiden	Modest
Charmant	Charming
Effizient	Efficient
Entscheidend	Decisive
Geduldig	Patient
Grosszügig	Generous
Gut	Good
Hilfreich	Helpful
Intelligent	Intelligent
Komisch	Funny
Künstlerisch	Artistic
Leidenschaftlich	Passionate
Neugierig	Curious
Praktisch	Practical
Sauber	Clean
Unabhängig	Independent
Weise	Wise
Zuverlässig	Reliable
Zuversichtlich	Confident

Urlaub #2
Vacation #2

Ausländer	Foreigner
Ausländisch	Foreign
Berge	Mountains
Camping	Camping
Flughafen	Airport
Freizeit	Leisure
Hotel	Hotel
Insel	Island
Karte	Map
Meer	Sea
Pass	Passport
Reise	Journey
Restaurant	Restaurant
Strand	Beach
Taxi	Taxi
Urlaub	Holiday
Visum	Visa
Zelt	Tent
Ziel	Destination
Zug	Train

Vögel
Birds

Adler	Eagle
Ei	Egg
Ente	Duck
Eule	Owl
Flamingo	Flamingo
Gans	Goose
Huhn	Chicken
Krähe	Crow
Kuckuck	Cuckoo
Möwe	Gull
Papagei	Parrot
Pelikan	Pelican
Pfau	Peacock
Pinguin	Penguin
Rabe	Raven
Reiher	Heron
Schwan	Swan
Spatz	Sparrow
Storch	Stork
Taube	Pigeon

Wandern
Hiking

Berg	Mountain
Camping	Camping
Führer	Guides
Gefahren	Hazards
Gipfel	Summit
Karte	Map
Klima	Climate
Klippe	Cliff
Müde	Tired
Natur	Nature
Orientierung	Orientation
Schwer	Heavy
Sonne	Sun
Steine	Stones
Stiefel	Boots
Tiere	Animals
Vorbereitung	Preparation
Wasser	Water
Wetter	Weather
Wild	Wild

Wasser
Water

Bewässerung	Irrigation
Dampf	Steam
Dusche	Shower
Eis	Ice
Feucht	Damp
Feuchtigkeit	Moisture
Fluss	River
Flut	Flood
Frost	Frost
Geysir	Geyser
Hurrikan	Hurricane
Kanal	Canal
Monsun	Monsoon
Ozean	Ocean
Regen	Rain
Schnee	Snow
See	Lake
Trinkbar	Drinkable
Verdunstung	Evaporation
Wellen	Waves

Wetter
Weather

Atmosphäre	Atmosphere
Blitz	Lightning
Brise	Breeze
Donner	Thunder
Dürre	Drought
Eis	Ice
Himmel	Sky
Hurrikan	Hurricane
Klima	Climate
Monsun	Monsoon
Nebel	Fog
Polar	Polar
Regenbogen	Rainbow
Sturm	Storm
Temperatur	Temperature
Tornado	Tornado
Trocken	Dry
Tropisch	Tropical
Wind	Wind
Wolke	Cloud

Wissenschaft
Science

Atom	Atom
Chemisch	Chemical
Daten	Data
Evolution	Evolution
Experiment	Experiment
Fossil	Fossil
Hypothese	Hypothesis
Klima	Climate
Labor	Laboratory
Methode	Method
Mineralien	Minerals
Moleküle	Molecules
Natur	Nature
Organismus	Organism
Partikel	Particles
Pflanzen	Plants
Physik	Physics
Schwerkraft	Gravity
Tatsache	Fact
Wissenschaftler	Scientist

Wissenschaftliche Disziplinen
Scientific Disciplines

Anatomie	Anatomy
Archäologie	Archaeology
Astronomie	Astronomy
Biochemie	Biochemistry
Biologie	Biology
Botanik	Botany
Chemie	Chemistry
Geologie	Geology
Immunologie	Immunology
Kinesiologie	Kinesiology
Linguistik	Linguistics
Mechanik	Mechanics
Meteorologie	Meteorology
Mineralogie	Mineralogy
Neurologie	Neurology
Ökologie	Ecology
Physiologie	Physiology
Psychologie	Psychology
Soziologie	Sociology
Zoologie	Zoology

Zahlen
Numbers

Acht	Eight
Achtzehn	Eighteen
Dezimal	Decimal
Drei	Three
Dreizehn	Thirteen
Fünf	Five
Fünfzehn	Fifteen
Neun	Nine
Neunzehn	Nineteen
Null	Zero
Sechs	Six
Sechzehn	Sixteen
Sieben	Seven
Siebzehn	Seventeen
Vier	Four
Vierzehn	Fourteen
Zehn	Ten
Zwanzig	Twenty
Zwei	Two
Zwölf	Twelve

Zeit
Time

Gestern	Yesterday
Heute	Today
Jahr	Year
Jahrhundert	Century
Jahrzehnt	Decade
Jährlich	Annual
Jetzt	Now
Kalender	Calendar
Minute	Minute
Mittag	Noon
Monat	Month
Morgen	Morning
Nach	After
Nacht	Night
Stunde	Hour
Tag	Day
Uhr	Clock
Vor	Before
Woche	Week
Zukunft	Future

Zirkus
Circus

Affe	Monkey
Akrobat	Acrobat
Clown	Clown
Elefant	Elephant
Fahrkarte	Ticket
Jongleur	Juggler
Kostüm	Costume
Löwe	Lion
Magie	Magic
Musik	Music
Parade	Parade
Spektakulär	Spectacular
Tiere	Animals
Tiger	Tiger
Trick	Trick
Unterhalten	Entertain
Zauberer	Magician
Zeigen	Show
Zelt	Tent
Zuschauer	Spectator

Zu Füllen
To Fill

Becken	Basin
Box	Box
Eimer	Bucket
Fass	Barrel
Flasche	Bottle
Karton	Carton
Kiste	Crate
Koffer	Suitcase
Korb	Basket
Krug	Jar
Mappe	Folder
Paket	Packet
Rohr	Tube
Schiff	Vessel
Schublade	Drawer
Tablett	Tray
Tasche	Pocket
Umschlag	Envelope
Vase	Vase
Wanne	Tub

Gratuliere

Sie haben es geschafft !!

Wir hoffen, dass euch dieses Buch genauso viel Spaß gemacht hat wie uns dessen Herstellung. Wir tun unser Bestes, um qualitativ hochwertige Spiele zu erfinden. Diese Rätsel sind auf eine clevere Art und Weise entworfen, damit sie aktiv lernen und daran Vergnügen finden.

Hat ihnen das Buch gefallen ?

Eine einfache Bitte

Unsere Bücher existieren dank der Rezensionen, die sie veröffentlichen. Können sie uns helfen indem sie jetzt eine Meinung hinterlassen ?

Hier ist ein kurzer Link, der Sie zu ihrer Bewertungsseite führt

 BestBooksActivity.com/Rezension50

MONSTER HERAUSFÖRDERUNGEN !

Herausförderung 1

Bereit für ihr Bonusspiel? Wir verwenden sie ständig, aber sie sind nicht einfach zu finden. Es sind die **Synonyme** !

Notieren sie 5 Wörter, die sie in den untenstehenden Rätseln (Nummer 21, 36 und 76) entdeckt haben und versuchen sie für jedes Wort 2 Synonyme zu finden .

Notieren sie 5 Wörter aus **Rätsel 21**

Wörter	Synonym 1	Synonym 2

Notieren sie 5 Wörter aus **Rätsel 36**

Wörter	Synonym 1	Synonym 2

Notieren sie 5 Wörter aus **Rätsel 76**

Wörter	Synonym 1	Synonym 2

Herausförderung 2

Jetzt, wo sie warm sind, notieren sie 5 Wörter, die sie in jedem der untenaufgeführten Rätseln entdeckt haben (Nummer 9, 17 und 25) und versuchen sie für jedes Wort 2 Antonyme zu finden. Wie viele davon können sie binnen 20 Minuten finden ?

Notieren sie 5 Wörter aus **Rätsel 9**

Wörter	Antonym 1	Antonym 2

Notieren sie 5 Wörter aus **Rätsel 17**

Wörter	Antonym 1	Antonym 2

Notieren sie 5 Wörter aus **Rätsel 25**

Wörter	Antonym 1	Antonym 2

Herausförderung 3

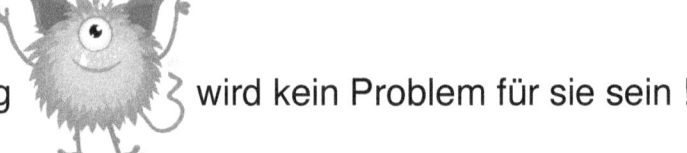

Wunderbar, diese Monster Herausförderung wird kein Problem für sie sein !

Bereit für die letzte Herausförderung? Wählen sie ihre 10 Lieblingswörter aus, die sie in einem Rätsel entdeckt haben und notieren sie sie unten.

1.	6.
2.	7.
3.	8.
4.	9.
5.	10.

Die Aufgabe besteht nun darin mit diesen Wörtern und in maximal sechs Sätzen einen Text herzustellen über eine Person, ein Tier oder ein Ort den sie lieben !

Tipp : sie können die letzten leeren Seiten dieses Buches als Entwurf verwenden

Ihr Schreiben :

NOTIZBUCH :

AUF BALDIGES WIEDERSEHEN !

Linguas Classics

BESTACTIVITYBOOKS.COM/FREEGAMES